Dea Banse

Weltenkinder

Über die Autorin:

Die Autorin wurde am 8.4.1968 in München geboren. Nach einem Studium der Betriebswirtschaft arbeitete sie in PR- und Werbeagenturen, Film und Versicherungswesen im Bereich Kommunikation. Sie arbeitet nebenberuflich als Entspannungs- und Jugendtherapeutin, Coach und Trainerin für gewaltfreie Kommunikation. Sie unterstützt ihre Mitmenschen mit Seminaren, Coachings und Workshops darin, ihren Weg im Leben zu gehen und ihr Leben aktiv zu gestalten. Mehr Informationen siehe Website.

Das Begleitbuch zu Weltenkinder für Kinder ab 5: Der kleine Komet, erhältlich ab 2025 unter:

www.feuerundflamme.net oder unter banse@feuerundflamme.net

Weltenkinder

Aufwach-Geschichten
für Jung(geblieben)e von 12-102

Dea Banse

Bibliografische Information der Deutschen Nationalbibliothek:
Die Deutsche Nationalbibliothek verzeichnet diese Publikation in der Deutschen Nationalbibliografie; detaillierte bibliografische Daten sind im Internet über http://dnb.dnb.de abrufbar.

Titelbild: Susanne Kirchner (susanne-kirchner.art)

Verlag: BoD · Books on Demand GmbH, In de Tarpen 42, 22848 Norderstedt, bod@bod.de
Druck: Libri Plureos GmbH, Friedensallee 273, 22763 Hamburg

ISBN: 978-3-7597-9977-7

Für meine Herzenskinder

Linus & Marvin

Inhaltsverzeichnis

Worte der Macht

Anders Anderson passte gut zu seinem Namen. Oder dieser zu ihm. Er lebte im dänischen Jütland, in einem kleinen idyllischen Dorf, in dem die Sonne im Sommer nur sehr unwillig unterging. Er war schon immer anders gewesen als die anderen. Seine Klassenkameraden, mit denen er in dem kleinen Backsteingebäude seit sieben Jahren die Schulbank drückte, waren durchweg blond – sein eigenes Haar war kohlrabenschwarz. Fast alle Kinder hatten Eltern, die sich um ihr Wohlergehen sorgten. Anders hatte nur eine Mutter, und die knipste ihre Sorge um sein Wohl an und aus. Einen Tag lachte ihre innere Sonne, doch genauso schnell schlug sie in Dunkelheit um. Licht und Schatten, und ein Junge, der mit jeder Schattierung fertig werden musste.

Oft war er es, der sich darum kümmerte, dass es seiner Mutter gut ging. Denn es gab Tage, da kam sie nicht einmal aus dem Bett. Da lag sie nur mit offenen Augen da und starrte an die Decke. Hin und wieder gab sie sich einen Ruck und setzte ein Lächeln für ihn auf. Ein unechtes Lächeln. Sie versuchte dann, die Mutter zu sein, die ein 12-Jähriger brauchte, doch er merkte, dass sie jede einzelne Bewegung anstrengte. So hatte er sehr früh gelernt, Essen zu kochen, wenn er merkte, dass sie es nicht schaffte. Ein kleiner Junge, der groß sein muss.

An den allerschlimmsten Tagen war sie nicht in der Lage, die Stalltiere, die ihr sonst doch so sehr am Herzen lagen, mit Futter zu versorgen. Er merkte die Vorboten dieser Zeit, denn sie wirkte dann völlig mechanisch, wie ein Roboter. Sie lächelte nicht mehr und schien sich zu jeder Handbewegung zwingen zu müssen. Bis sie dann für Tage kraftlos im Bett oder auf dem Sofa liegenblieb.

Dann straffte Anders seine kleinen, schmächtigen Schultern und übernahm ihre Arbeit. Er harkte das dreckige Stroh aus dem Ziegen- und dem Schafstall, molk und fütterte die Tiere. Er schleppte schwere Kannen Wasser zum Gemüsebeet, um dafür zu sorgen, dass die sonst so liebevoll gepflegten Pflanzen nicht eingingen. Manchmal schuftete er von früh bis spät, doch kein Klagelaut kam über seine Lippen. Kinderliebe geht über alle Grenzen. Er hätte gern noch viel mehr für seine Mutter getan, doch er wusste nicht, wie oder was. Oft musste er die Schule schwänzen, denn die vollen Euter der Tiere konnten nicht warten, bis er mittags nach Hause kam.

Die Lehrerin hatte es aufgegeben, sich bei seiner Mutter Lisa darüber zu beschweren. Frau Lindström wusste um die Tage der Melancholie im Hause Anderson und empfand tiefes Mitgefühl für den kleinen Anders, der sein Schicksal so klaglos trug. Sie unterstützte ihn in der Schule, wenn er wieder einmal ein paar Tage gefehlt hatte und hängte freiwillig etwas ihrer Freizeit an die langen Schulstunden, um dafür zu sorgen, dass er den Anschluss nicht verpasste. Tatsächlich war Anders sehr aufgeweckt und wissbegierig. Der gütigen, älteren Lehrerin mit ihrem grauen Dutt und den vielen Lachfältchen tat es in der Seele weh, wenn sie sein müdes, kummervolles Gesicht sah.

Die anderen Kinder dagegen zeigten wenig Mitgefühl und er erlitt das Los derer, die anders waren. Anders mit kleinem „a". Eine Gruppe Gleichgesinnter in jungen Jahren, wenn die Seele noch den richtigen Weg sucht. Junge Menschen, die Wege ausprobieren, unsicher, Orientierung suchend. Die sich umso stärker fühlen, wenn sie ihre Einheit demonstrieren können. Vor allem gegenüber jemandem, der so offensichtlich anders ist. So wie Anders es war.

Und Anders bot viele Angriffspunkte, die ein noch nicht gefestigter junger Geist nutzen konnte, um die Meute der Schulkameraden auf seine Seite zu ziehen und sich damit in den Mittelpunkt zu stellen. Und das Achtungskonto aufzufüllen!

„Na, wann kommt denn dein Vater wieder? Ach so, ich vergaß, der war ja ILLEGAL hier! Und jetzt hat er euch vergessen und erschießt wieder Christen!"

Anders senkte bei Worten wie diesen den Kopf und tat so, als würde er nicht hören. Auch wenn die abgefeuerte Munition sein Herz traf! Sein Vater war aus dem fernen Syrien gekommen und hatte ihm tatsächlich nichts außer den schwarzen Haaren hinterlassen. Sonst war da nichts, nicht der Hauch einer Erinnerung. Er hatte kein Bild vor Augen, wusste nicht, ob er ihn jemals gesehen hatte. Es gab auch kein Foto von ihm. Nur den schwermütigen Blick seiner Mutter, wenn er nach ihm fragte. Sie blieb stumm, schüttelte den Kopf und fuhr ihm manchmal abwesend, manchmal bedauernd über das Haar. So blieb der Vater eine schmerzhafte Idee, ein düsterer Geist, der manchmal raunend über die Wildgräser strich, die ihren Hof von der Heide trennten.

Hässlich war das Gelächter der anderen Kinder, wenn sie solche Aussagen hörten. Wussten sie zwar nicht, was das genau hieß: „illegal". Aber etwas Gutes war es nicht. So viel war sicher. Das wussten sie von ihren Eltern.

„Und, wie geht's deiner verrückten Mutter? Sitzt du wieder händchenhaltend bei ihr, weil sie so komisch ist, dass sie nicht mal Tee kochen kann?"

Mors, der Anführer der Jungen seiner Klasse, war es, der Bosheiten wie diese von sich gab. Eine unsichere Seele, die Bestätigung im Außen suchte. Seine Mitstreiter lachten pflichtschuldigst, doch einigen war anzumerken, dass sie sich dabei nicht ganz wohl in ihrer Haut fühlten. Sie kannten Lisa

Anderson eigentlich nur, wenn sie in ihr kleines Dorf kam, also an „guten Tagen". Und da scherzte sie oft mit den Kindern und schüttelte ihre langen, blonden Locken. Sie war nett. Eigentlich sehr nett! Doch den Mut, das laut auszusprechen und sich damit gegen Mors aufzulehnen, hatte keiner.

Anders tat wie immer abwesend, als ob ihn das Geschwätz nichts anging. Sein Gesicht wirkte verträumt, doch in seinem Inneren brodelte es und sein Herz weinte. Er wollte den Kindern sagen, dass seine Mutter nicht verrückt war, sondern nur traurig. Dass sie viele gute Tage hatte, an denen sie mit ihm sang und durch die Küche tanzte. Mit ihm durch die Heide ging. Mit ihm im Gras lag und den Fischotter beobachtete, der an dem kleinen Flüsschen wohnte und den sie beide so sehr liebten. Dass sie, an guten Tagen, die besten Waffeln von allen buk. Dass sie wunderschön malen konnte. Dass sie gut erklärte, ihm viele Dinge beibrachte und ihm half, die Welt zu verstehen. Es gab nur zwei Dinge, die sie ihm nicht erzählte, selbst wenn sie ihre guten Tage hatte: Alles, was mit seinem Vater zu tun hatte – und warum sie manchmal diese unendliche, lähmende Traurigkeit befiel.

Das alles wollte er dem hochaufgewachsenen Mors ins Gesicht schreien und jedem Kind, das zuhörte. Doch er hatte zu viel Angst! Angst, dadurch noch mehr Angriffsfläche für Spott und Hohn zu bieten. Angst, seine Gefühle zu zeigen und sich noch verletzlicher zu machen. Angst macht stumm.

„Huuu, schau mal, wie er schaut, Mors! Gleich rennt er zu Frau Lindström und erzählt ihr, wie schlimm du bist!", lachte Anita, ein bisschen zu laut.

Sie war eine feiste Rothaarige, die sich gern selbst Liebkind bei der Lehrerin machte und deswegen manchmal eifersüchtig auf ihn und seine Extrazeit mit Frau Lindström war. Ein schwarzhaariger Schulschwänzer gegen eine rotgeschopfte Klassenbeste. Komische Vorlieben einer erfahrenen Lehrerin.

Anders versuchte, Boshaftigkeiten so gut es ging, aus dem Weg zu gehen. Gepetzt hatte er nie, so dumm war er nicht! Dann wären die Angriffe der anderen Kinder nur noch heftiger geworden. Wenn er aber mit ausdruckslosem Gesichtsausdruck in die Ferne starrte, wurde es den anderen oft zu langweilig und sie trollten sich. Geschlagen hatten sie ihn nie, zum Glück wenigstens das. Doch manchmal sind Worte, aus denen das Böse tropft, schmerzhafter als ein ehrlicher Schlag.

Anders verbrachte also die meiste Zeit seines Lebens allein. Als Verbündete hatte er nur Frau Lindström, der er sich aber auch nicht zu eng anschließen wollte, so sehr er sich das manchmal heimlich wünschte. Doch das hätte sonst seine Mitschüler nur noch weiter gegen ihn aufgebracht. Was ist wichtiger? EIN Erwachsener auf seiner Seite oder viele gleichaltrige, zumindest mögliche Freunde? Auch die Mutter mit den guten Tagen gab es noch, Tagen, an denen sie für ihn da sein konnte, Tagen, an denen er sie abgöttisch liebte.

Doch es gab mehr schlechte Tage als gute. Anstrengende Tage, an denen er das Vieh versorgen musste, Mittagessen kochte und abends die kalten Reste aß. Nie vergaß er, für seine traurige Mutter Tee zu kochen, es war oft das Einzige, das sie dann zu sich nahm. Sie dankte ihm mit einem sehr traurigen Lächeln, das ihre Augen nie erreichte und bei dem sich sein Herz vor Schmerz und Kummer zusammenzog. Warmer Tee für leere Augen.

Sie redete in diesen schlechten Zeiten nicht viel, sie lag auf dem Sofa oder saß am Fenster und starrte gedankenverloren hinaus. Wenn sie ihn wahrnahm, und ihm in die Augen blickte, konnte er darin etwas lesen, was er in seinen jungen Jahren nicht einordnen konnte: Er sah, ohne es zu erkennen, ihr Schuldgefühl, ihre gequälte Seele, die sich dafür hasste, ihrem Jungen, den sie an guten Tagen so sehr liebte, keine gute Mutter zu sein. Sie liebte ihn doch so sehr, warum gelang es ihr dann nicht, die Mutter zu sein, die ihr Kind so dringend gebraucht hätte?

Doch Anders wusste nicht, dass es Schuld war, die er sah. Er hielt es für Kummer, für eine übergroße Traurigkeit, doch kannte er ihre Ursache nicht. Ob er es war, der sie traurig machte?

Oft saß er abends noch im Schein der alten Lampe am Küchentisch und erledigte die Hausaufgaben. Wenn dann Zeit für ihn selbst blieb, dann las er in seinen Büchern. Fernsehen durfte er nur selten, seine Mutter hielt das für „Volksverdummung". So nannte sie es, und Dummheit mochte sie nicht.

Das Internet war auf dem Land nur selten stabil und er hatte weder Handy noch einen Computer, so sehr er sich das gewünscht hätte. Das hatten bei ihnen nur die Kinder, deren Eltern mehr Geld hatten als sie. Doch so abwesend er in der Schule oft tat, so genau hörte er den anderen zu. Ferne Augen mit wachen Ohren und einem Wissensdurst, der Informationen aufsog. Insbesondere lauschte er denjenigen, die solche Geräte besaßen. Die Spiele, von denen sie erzählten, interessierten ihn nicht, wohl aber die Informationen, die man offensichtlich aus dieser großen Welt des Internets holen konnte. Doch er wusste nicht, wie er jemals an ein Laptop oder Smartphone gelangen könnte und daher blieb ihm diese geheimnisvolle Welt verschlossen. Er musste draußen bleiben.

Eines Abends saß er in seinem kleinen Zimmer und wollte lesen. Er holte ein sehr abgegriffenes Buch aus seinem schiefen Bücherregal heraus: der Einband zeigte einen kleinen Kometen, der ihn fröhlich anlächelte. Anders lächelte zurück: er hatte das Buch schon oft gelesen, eigentlich war er zu alt dafür, doch der kleine Komet schien ihm manchmal wie ein Freund. Ein Freund, der ihm die Welt erklärte, so dass er sie verstand. Er schlug das Buch an der Stelle auf, an der er das letzte Mal stehengeblieben war. Als Lesezeichen diente die

Quittung, die er beim letzten Einkauf bekommen hatte. Als es seiner Mutter wieder einmal nicht gut gegangen war.

Er schlug das Buch auf und las „Das Wissen von Atlantis", die Erzählung von einer Hochkultur, die vor vielen Jahrtausenden gelebt haben sollte. Die Atlanter waren kluge, erfinderische Menschen, die bei aller Intelligenz übersahen, dass die Ressourcen der Erde für ihren Erfindungsreichtum herhalten mussten. Schließlich hatte die Erde sich gegen die Zerstörer gewehrt und die Insel war versunken. Doch das Wissen war von Kindern weitergetragen worden, die überlebt hatten, weil sie empathischer und damit größer waren als die phantastischsten Erfinder ihrer Zeit.

Nachdenklich klappte er das Buch wieder zu. Sympathisch waren ihm diese Altlanter nicht, zerstörten sie doch rücksichtslos alle Natur, nur um irgendwas zu erfinden. Ein ganz kleines bisschen Respekt nötigten sie ihm jedoch ab: sie versuchten immer, Lösungen zu finden. Allerdings war es natürlich auch nicht besonders heldenhaft, Probleme zu lösen, die man vorher selbst verursacht hatte!

Anders - als Kind, das auf einem Hof am Rande der Heide aufwuchs - war sehr naturverbunden. Seine Mutter hatte, an guten Tagen, ein Übriges getan, um ihn auf die Schönheiten der Natur aufmerksam zu machen. Die Natur ehren und achten. Das taten Lisa und Anders an jedem guten Tag. Daher gefiel ihm Illon, der junge Held der Geschichte, natürlich besonders. Nicht nur, weil er die Natur und auch seinen Hund so sehr liebte. Sondern weil er nicht so dachte wie die anderen. Und weil er etwas anderes fühlte, diesem Gefühl vertraute und seinen Weg ging. Auch wenn das bedeutete, dass er seine Eltern zurücklassen musste. Aber wie hätte er sie auch retten können? Anders war froh, als Illon endlich auf dem Boot war und sehr erleichtert, dass wenigstens sein Hund bei ihm war. Er fühlte die anfängliche Einsamkeit des Jungen auf dem Boot als ein sehr vertrautes Gefühl, und sein Herz klopfte schneller, wenn er las, dass er nicht allein bleiben musste, da auch andere Kinder die Katastrophe überlebt hatten. Da wurde es wieder ein wenig heller in seinem Herzen. Er mochte Geschichten mit sonnigem Ende.

„Schade, dass die findigen Atlanter nicht auch eine Lösung für meine Probleme hatten!", murmelte er und schob das Buch wieder ins Regal zurück. Da hielt er auf einmal inne. Konnte man seine Probleme vielleicht irgendwie lösen? Doch wo müsste man anfangen? Was waren seine Probleme eigentlich genau? Bis jetzt hatte er darüber nicht nachgedacht, hatte einfach gemacht, was notwendig schien, ohne zu hinterfragen, ob es das Richtige war! Ob er sich einfach auch mal „mit der Erde verbinden" sollte wie Ìllon in dem Buch?

Anders kaute nervös auf seinen Lippen. Ob man das wirklich konnte? Oder war das nur ein Märchen? Aber wenn es funktionierte, würde ihn das nicht zu sehr schmerzen? Er wusste, dass die Menschen auch heute nicht besonders respektvoll mit der Natur umgingen. Das war sogar noch gelinde ausgedrückt. Tatsächlich beuteten sie diese nach Strich und Faden aus! Würde er den Schmerz der Erde ebenfalls zu spüren bekommen? Traurigkeit eines ausgebeuteten Planeten, größer als ein Kinderherz es fassen kann? Er schüttelte sich. Lieber nicht. Andererseits … er war einfach neugierig! Er wollte es wissen! Und er wollte mutig sein. Es würde schon nicht schaden, es einfach mal auszuprobieren. Wahrscheinlich würde sowieso gar nichts passieren!

Er sah auf die Uhr. Halb elf, er müsste längst im Bett sein. Doch seine Mutter würde nichts sagen, sie lag bereits den dritten Tag im Bett, ohne sich um ihn zu kümmern. Schlechte Tage mit viel Verantwortung für ein Kind.

Er zuckte die Achseln und setzte sich im Schneidersitz auf den Boden. So setzten sich die Yogis hin, die meditierten, so verkehrt konnte das schon mal nicht sein! Und jetzt? Er schloss probeweise die Augen.

Erde? Hörst du mich? Er lauschte. Wohin genau, wusste er nicht. Er hörte die Geräusche, die das Haus von sich gab. Ein Knacken in den alten Balken. Ein Pfeifen vom Wind, der gern zwischen Haus und Stall hindurch strich. Das leise Schaben der Zweige der knorrigen Hängebirke, mit denen der Wind zärtlich das alte Haus streichelte. Anders lauschte weiter, jetzt nach innen. Er hörte seinen Atem, der ein bisschen in der Lunge rasselte, weil er gerade eine Erkältung hinter sich hatte. Sein Herz hörte er klopfen, beständig, regelmäßig, tock, tock, tock ... Irgendwas rauschte in seinen Ohren ...

Was tat er eigentlich? Warum saß er hier auf dem Boden, wenn er doch herausbekommen wollte, welcher Natur seine Probleme wirklich waren? Und wie er sie in den Griff bekommen konnte! Lange saß er so da, schweigend, lauschend und irgendwann nicht mehr denkend.

„Schau` hin!"

Erschrocken schlug Anders die Augen auf. Was war das gewesen? Keine Stimme, so viel war sicher! Aber was dann? Irgendwie hatte er eine Botschaft ge-..., ja ... ge-...-was? Gehört ... oder gefühlt? Er räusperte sich und schloss die Augen wieder. Wieder der Atem, sein Herz, das Rauschen ... Und dann:

„Geh zurück, schau von oben!"

Anders sprang auf die Füße. Was war denn das? Wer oder was sprach da mit ihm? Er atmete schneller und sah sich in seinem Zimmer um. Doch es war nichts Ungewöhnliches zu sehen: Das kleine Holzbett mit der rot-karierten Bettdecke, der Schrank, auch der in die Jahre gekommen, doch groß genug für die wenigen Kleidungsstücke, die er besaß. Der bunte Schreibtisch, unaufgeräumt wie immer. Das Fensterbrett mit den Starwars-Figuren. Alles sah aus wie immer. Auch die Geräusche waren dieselben. Und doch hatte er diese ... Stimme? ... Idee? ... Gedanken? gehabt, ohne sie zu steuern. Und was bitte sollte das heißen: „Geh zurück und schau von oben!"? Er schüttelte über sich selbst den Kopf. Das verstand doch kein

Mensch! Und doch schien die Botschaft so eindringlich und klar …

Er ging zwei Schritte zurück und blickte von oben auf den Boden seines Kinderzimmers. Was hatte er davor gedacht, bevor dieser eigenartige innere „Stimme" gekommen war? Gar nichts, das war schön gewesen. Ruhe für ein aufgewühltes Herz. Aber davor hatte er doch etwas gedacht! Richtig, er wollte wissen, wie er seine Probleme lösen könnte. Jetzt schien der Satz auf einmal mehr Sinn zu bekommen. Vielleicht sollte er von oben auf seine Probleme schauen? Er runzelte angestrengt die Stirn. Wie machte man das? Wer kann denn von oben schauen? Sofort schoss ihm der Gedanke an einen riesigen Adler durch den Kopf. Das gefiel ihm.

Er kletterte auf seinen Schreibtisch, der bedenklich wackelte. Doch den Adler störte das nicht: Er hatte eine neue Perspektive eingenommen, sah seine ganze bisherige Welt von oben. Er schloss die Augen und erhob sich in Gedanken noch weiter in die Lüfte. Er sah sein Haus und den Stall, den Garten, die Heide und die kleine Straße, die zu ihnen führte. Und er sah sich selbst, wie er den Stall ausmistete, die Hühner in den Hühnerstall zurückjagte, wie er seiner Mutter Blumen pflückte, wie er im Schein der Lampe allein am Tisch saß und las.

Er sah, wie er in der Schule abseitsstand und die anderen über ihn lachten. Er sah, was ihn unglücklich machte: Er war allein. Immer allein. Nur nicht, wenn es der Mutter gut ging. Aber das war zu wenig. Er war doch erst zwölf Jahre alt. Zwölf-Jahre-allein! Ein zwölf Jahre altes Kind sollte nicht allein sein! Es sollte nicht arbeiten wie ein Erwachsener. Es sollte nicht ausgelacht werden, für Dinge, für die es nichts konnte. Es sollte spielen und Freunde haben. Es sollte geliebt und umsorgt werden! Stattdessen war er es, der umsorgte und statt Freunde hatte er nur Schulkameraden, die ihn hänselten.

Mit einem Mal wurde ihm das ganze Ausmaß seines traurigen Lebens bewusst und er fühlte einen tiefen Schmerz in seinem Herzen. So tief und so schneidend, dass es ihm fast die Luft zum Atmen nahm. Er brach in Tränen aus, kletterte weinend vom Schreibtisch herunter, ließ sich auf den Boden fallen und schluchzte herzzerreißend. Er weinte die verzweifelten Tränen des einsamen Kindes und niemand kam, um sein trauriges Herz zu trösten. Irgendwann versiegte der Tränenstrom und irgendwie war es ihm ein bisschen leichter ums Herz. Geweinte Tränen im Außen sind besser als erstarrte im Inneren. Er erkannte, dass es ein harter Weg werden würde, seine Probleme zu benennen und danach zu lösen! Doch jetzt hatte er diesen Weg beschritten. Das fühlte sich richtig an. Auch wenn es ihn aufwühlte und traurig machte. Jetzt wollte er ihn auch weitergehen! Er wollte herausbekommen, warum er so allein war! Was er tun konnte, damit seine Mutter nicht mehr von dieser Traurigkeit erdrückt wurde! Und wie er es anstellen konnte, neue Freunde zu bekommen!

Er legte sich ins Bett. Erschöpft vom vielen Weinen, aber auch mit neuem Mut in seinem kleinen Herzen, schlief er endlich ein.

Als ihn der Wecker am nächsten Morgen weckte, war er noch todmüde. Doch da hörte er ein Geräusch in der Küche, das sein Herz schneller schlagen ließ: Das Geschirr klapperte, was hieß, dass seine Mutter in der Küche stand und Frühstück machte! Er lächelte. Das würde bedeuten, dass heute zumindest ein besserer Tag war. Er würde in die Schule gehen können. Schnell machte er sich fertig und stolperte die Treppe hinunter.

„Guten Morgen, Mama! Geht es dir besser heute?", fragte er hoffnungsvoll.

Seine Mutter drehte sich zu ihm um. Die Augen waren leicht geschwollen, das Gesicht gerötet, das Haar unfrisiert. Doch sie versuchte, tapfer zu lächeln.

„Guten Morgen, mein Kleiner! Ja, danke, es geht mir schon

viel besser! Tut mir leid, dass ich in den letzten Tagen …", sie verstummte und ließ den Satz ins Leere laufen.

Dann wandte sie sich wieder seinem Frühstücksteller zu, ihre Energie schien fast aufgebraucht zu sein. Anders merkte das wohl, meinte aber betont munter:

„Das macht doch nichts, Mama, Hauptsache, es geht dir wieder besser!"

Sie hörte seine Worte, ob sie sie wirklich erreichten, wusste er nicht. Sie saßen sich am Küchentisch gegenüber, als ihre Augen schon wieder in die Ferne glitten. Augen weit weg, nicht da, wo das Kind sie gebraucht hätte.

„Mama?"

Sie versuchte, ihn anzusehen.

„Mama, du musst mir jetzt zuhören!"

So dringend war sein Tonfall, dass ihr Blick aus der Ferne, in die er entschwunden war, wieder zu ihm zurückkehrte und nun fragend auf ihm ruhte.

„Mama, du musst mir endlich sagen, warum du manchmal nicht bei mir sein kannst! Du kannst nicht einfach weggehen, ich bin erst zwölf!", sagte er mit fester Stimme.

„Aber ich bin doch bei dir!", verteidigte sie sich mit matter Stimme und in ihren Augen stand sie wieder, die Schuld. Das große, schreckliche Gefühl, eine schlechte Mutter zu sein.

„Ja, du liegst im Bett oder auf der Couch, ja, du bist im Haus. Aber du bist nicht da! Nicht hier, bei mir!", schrie Anders aufgebracht.

Seine Mutter zuckte zusammen. Das kannte sie von ihm nicht. Doch die Erkenntnis des gestrigen Abends hatte bei ihm etwas in Bewegung gesetzt, das nicht mehr zu stoppen war. Er schlug sich an die Brust, direkt auf sein Herz.

„Hier drinnen bin ich ganz allein! Außer, du hast einen guten Tag. Aber ich weiß es vorher nicht, wann du einen guten oder einen schlechten Tag hast. Oder mehrere. Jeden Tag hoffe ich, dass es ein guter wird. Aber ganz oft ist es nur ein schlechter. Warum ist das so? Ich verstehe das nicht! Bist du nicht gern mit mir zusammen? Tue ich Dinge, die schlecht oder böse sind? Oder warum bist du so oft traurig? Vermisst du meinen Vater? Warum erzählst du nie etwas von ihm? Warum bin ich so anders als die anderen Kinder und warum habe ich keine Freunde?"

Tränen liefen ihm über die Wangen, als die Worte mit einer nie gekannten Wucht aus ihm herausbrachen.

In den Augen seiner Mutter spiegelte sich sein Schmerz. Sie legte die Hand an ihr Herz und sah ihn kummervoll an. Dann griff sie nach seiner Hand. Die Tränen rannen ihr über das Gesicht.

„Es tut mir so leid, Anders, so unendlich leid!" Ihre Stimme brach und sie senkte beschämt den Kopf.

„Das reicht nicht, Mama!", schrie Anders laut. „Das hilft mir nicht! Was ist los mit dir, was kann ich tun?"

Er war außer sich und seine widersprüchlichen Gefühle schienen ihn schier zu zerreißen. Sein Herz raste und drohte fast zu zerspringen.

„Ich brauche dich! Ich muss wissen, ob ich schuld daran bin, dass es dir so schlecht geht!"

Seine Mutter sah ihn erschrocken an.

„Um Himmelswillen, Anders, natürlich nicht! Wie kannst du nur so was denken! Du bist doch mein Augenstern, mein Licht und oft der Grund dafür, dass ich überhaupt noch aufstehen kann!"

Ihre Stimme wurde wieder brüchig und Anders erkannte großen Schmerz in ihren Augen. Ihre Worte taten ihm gut und er versuchte, sie in sein Herz zu lassen. Doch das war schwer, so lange schon hielt er sich und sein Unvermögen für den Grund ihrer Traurigkeit.

„Aber wenn ich es nicht bin, was ist es dann, was dich so werden lässt?" fragte er, inzwischen ruhiger geworden.

„Ich weiß es nicht, Kind!", flüsterte sie. „Ich weiß es wirklich nicht! Auf einmal ist dieses Gefühl da, ohne vorher anzuklopfen. Und dann fühle ich erst eine große Traurigkeit. Doch was danach kommt, ist noch schlimmer: ein Gefühl der Leere, wie ein großes, schwarzes Nichts."

Sie schluckte schwer. Sie verschwieg ihm, dass sie in diesen dunklen Momenten nicht einmal die Liebe zu ihm spüren konnte. Das hätte er nicht verstanden, sie verstand es ja selbst nicht. Doch es hatte sie unendlich betroffen gemacht, dass er fürchtete, schuld an ihrer Traurigkeit zu sein. Deshalb versuchte sie, so gut sie es vermochte, ihm alles zu erklären. Sie wusste jetzt, dass sie es ihm schuldig war.

„Ich habe dieses schwarze Nichts zum ersten Mal erlebt, kurz nachdem dein Vater gehen musste. Ich habe bisher nicht von ihm gesprochen, weil mir die Erinnerung daran zu sehr weh tut. Es tut mir leid, ich weiß jetzt, dass ich es hätte tun müssen! Nur kann ich es im Moment nicht, ich bin einfach zu erschöpft!"

Anders senkte enttäuscht den Blick. Seine Mutter erkannte, nun, da sie ihn aufmerksam beobachtete, was in ihm vorging. Sie straffte die Schultern.

„Du hast Recht. Und du hast ein Recht darauf, alles zu wissen! Ich werde versuchen, es dir zu erklären, so gut ich kann! Lass' mich bitte nur ein paar Mal tief Luft holen …"

Vergessen war die Schule für heute. Daran dachte weder seine Mutter noch er. Denn jetzt war Zeit für etwas Anderes, etwas Wichtigeres. Sie erzählte, wie sie seinen Vater kennengelernt hatte, vor 14 Jahren war das gewesen. Er war aus Syrien geflüchtet, wo seine Familie vom politischen System verfolgt wurde. Arabischer Frühling, ein harmloses Wort für aufziehende Gewalt.

Sie ließ die brutalen Szenen aus, von denen Azmir ihr in kalten Nächten weinend erzählt hatte. Er war ein Mann mit einem so großen und so empfindsamen Herzen gewesen! Ihr eigenes Herz war diesem schwarzhaarigen Flüchtenden aus dem Osten, der bei ihrem Nachbarn so fleißig als Landarbeiter arbeitete, sofort zugeflogen, als sie ihm in seine seelentiefen Augen geblickt hatte.

Sie selbst hatte nach dem Unfalltod ihrer Eltern mühsam versucht, den kleinen Bauernhof so gut es ging, allein zu bewirtschaften. Geschwister hatte sie keine, das wusste Anders ja. Eine junge Frau mit viel Trauer und viel Arbeit.

Sie und Azmir trafen sich das erste Mal an einem Zaun, der ihr Grundstück und das des Nachbarn voneinander trennte. Und es hatte sie beide wie ein Blitzschlag getroffen! Sie hatten einander in die Augen gesehen, und zwei suchende Seelen hatten sich gefunden. Bereits kurze Zeit danach zog Azmir zu ihr. Der Nachbar nörgelte zwar etwas, dass sie ihm seine beste Arbeitskraft abspenstig gemacht hatte. Doch er kannte die kleine Lisa seit Kindertagen und wusste, dass sie männliche Hilfe gut gebrauchen konnte. Also hatte er, wenn auch ein wenig brummig, wie es seine Art war, das wenige Hab und Gut des jungen Syrers zu ihr gefahren und ihn mit einem Handschlag verabschiedet. Da hatten Lisa und Azmir aufgeatmet, war es ihnen doch wichtig, dass der Alte ihnen nichts nachtrug.

Die Bewohner ihres kleinen Dorfes schienen ab da an in zwei Lager geteilt: Es gab diejenigen, die sich für Lisa freuten, die als Kind so ein sonniges Gemüt gehabt hatte, und in jungen Jahren, gerade 18 war sie gewesen, vom Unfalltod ihrer Eltern erfahren musste. Die schuftete wie verrückt, um den Hof ihrer Eltern weiterzuführen. Doch es gab auch andere, denen die Fremden aus dem Osten oder dem Süden ein Dorn im Auge waren. Diese passten einfach nicht in die kleine Gemeinschaft ihres Dorfes und sollten dahin zurückgehen, wo sie hergekommen waren. Meist lächelten sie Lisa scheinheilig zu, wenn diese sie freundlich grüßte. Doch hinter ihrem Rücken fanden ihre Zungen hässliche Worte, Zeuge ihrer heimlichen

Angst vor Allem, was fremd und anders war. Anders mit kleinem „a".

Doch Lisa stand zu ihrer großen Liebe, der ersten in ihrem jungen Leben. Gemeinsam mit Azmir ging ihr jede Arbeit leichter von der Hand, sie liebte und wurde geliebt. Und sie teilten ihren Kummer miteinander, erzählten einander Seelengeheimnisse, die sie nie mit einem anderen Menschen geteilt hatten. Und immer, wenn ein Herzensschmerz, den sie tief in ihrem Inneren vergraben hatten, einen Weg auf ihre Zungen fand, dann stieg der Kummer in ihnen auf, wie eine Blase in einem Wasserglas. Dann schüttelte sie dieser durch und durch und machte sich in Tränenströmen Platz. Sie nahmen einander dann in die Arme und sprachen sich liebevoll Trost zu. Und wenn die Blase des Kummers ihren Körper durchwandert hatte, platzte sie, und ein Teil des Schmerzes platzte mit ihr und löste sich in Luft auf. Und auch wenn es beide erschöpfte, von ihren Schmerzensthemen zu erzählen, so fühlte es sich hinterher doch jedes Mal ein wenig leichter an.

Und dann wurde sie schwanger. Mit ihm, Anders. Sie und Azmir freuten sich unendlich. Waren sie auch noch sehr jung, so fühlten sie sofort eine große Liebe für das Kind, das Zeugnis ihrer glücklichen Verbindung war. Sie sprachen über Heirat. Lisa hoffte, dass dadurch Azmirs Aufenthaltserlaubnis verlängert werden würde. Azmir schwieg dazu.

Lisa nahm seine veränderte Haltung nicht wahr, so glücklich war sie, so versöhnt mit ihrem Schicksal. Die Zukunft lag in rosigen Farben vor ihr. Sie wunderte sich nur, wie schwer es war, ihn davon zu überzeugen, mit ihr zum Rathaus der nahegelegenen Kleinstadt zu fahren, um sich nach den Formalitäten für die Hochzeit zu erkundigen. Als er ihr schließlich widerstrebend folgte und der Standesbeamte ihn nach seinen Papieren fragte, erkannte sie entsetzt den Grund für sein ablehnendes Verhalten: Er besaß gar keine Aufenthaltsgenehmigung! Illegal war er nach Dänemark gekommen, illegal war er geblieben. Heimlich, ohne Zustimmung seines gastgebenden Landes.

Der Standesbeamte gehörte zu den Menschen, denen Fremde am liebsten waren, wenn sie dort blieben, wo sie seiner Meinung nach hingehörten: in ihrem eigenen Land. Es kostete ihn nur wenige Telefonate und keine zwei Tage später standen zwei Polizisten vor Lisas Hof, um Azmir abzuholen.

Die Tränen, Lisas Flehen, ihre offensichtliche Schwangerschaft, all das ließ die Polizisten ungerührt. Sie packten Azmir am Arm und trugen ihm auf, seine Sachen zu holen. Azmir stand wie versteinert und starrte ins Leere. Er zitterte am ganzen Körper und ließ sich gehorsam abführen, ohne sich zu wehren. Er packte mechanisch die wenigen Dinge, die er besaß und folgte den Uniformierten mit gesenktem Kopf. Inzwischen zitterte er so stark, dass er nur noch mit Mühe seinen schäbigen Koffer tragen konnte.

„Azmir!", schrie Lisa verzweifelt und warf sich ihrem Geliebten in die Arme.

Dieser ließ überrumpelt den Koffer fallen und starrte sie fast verständnislos an. Wie unter Zwang legte er einen Arm um sie, drückte sie kurz, ohne sie anzusehen und ging dann mit gesenktem Kopf dem ersten Polizisten hinterher. Seinen Koffer hätte er liegengelassen, hätte nicht der zweite Polizist ihn mit einem Seufzen an sich genommen und zum Wagen gebracht.

„Verlass' du mich nicht auch noch!", waren die letzten Worte, die Azmir von Lisa hörte, deren blonde Locken der Wind zerzauste und deren Tränen wie Sturzbäche die Wangen hinunterliefen.

„Und das war das Letzte, das ich jemals von deinem Vater gesehen und gehört habe!", sagte Lisa leise, als sie ihre Erzählung beendet hatte.

Tränen liefen auch jetzt über ihr Gesicht, wie damals beim Abschied.

„Du bist das Einzige, was mir von ihm geblieben ist. Und das Allerbeste, das musst du wissen, mein Sohn!"

Anders konnte nicht mehr anders, er stand auf, rannte um den Tisch herum und warf sich seiner Mutter in die Arme. Beide weinten.

„Und seitdem kommen diese Tage und gehen wieder. Und ich weiß nicht, wieso.", flüsterte sie tränenerstickt.

„Und es tut mir so leid, dass du darunter leiden musst! Und du sollst wissen, dass ich alles dafür tun würde, wenn ich die Mutter für dich sein könnte, die du verdienst!"

Sie schwiegen beide und ihre gemeinsamen Tränen erzählten von ihrem Leid …

Am nächsten Tag ging Anders wieder in die Schule. Frau Lindström sah ihn nur fragend an, doch Anders senkte den Blick. Nach der Schule, als die anderen Kinder das Klassenzimmer verlassen hatten, blieb er an ihrem Schreibtisch stehen. Sie blickte auf.

„Anders?", fragte sie freundlich. „Möchtest du heute etwas von dem Stoff nachholen, den du verpasst hast?"

Sie blickte auf die Uhr.

„Leider habe ich heute nicht sehr viel Zeit, aber in einer halben Stunde schaffen wir beide eine Menge, was meinst du?"

Er nickte und setzte sich in die erste Reihe, in die Bank, in der Anita sonst saß. Frau Lindström setzte sich neben ihn.

„Nun", begann sie und wollte das Mathematikbuch aufschlagen, als er ihr hastig ins Wort fiel.

„Frau Lindström, darf ich Sie etwas fragen?"

Erstaunt blickte sie den Jungen an, ahnte, dass seine Frage nichts mit dem Schulstoff zu tun hatte.

„Natürlich darfst du das, Anders! Wie kann ich dir helfen?"

Sie sah ihn aufmerksam mit ihren hellen, klaren Augen an.

Anders wusste nicht so recht, wie er anfangen sollte.

„Meine Mama", sagte er dann leise, „ist oft sehr traurig."

Er biss sich auf die Lippen, war sich nicht sicher, ob er einen Verrat beging, wenn er mit jemandem darüber sprach. Frau Lindström nickte, sagte nichts und sah ihn ruhig und abwartend an. Anders nahm seinen Mut zusammen.

„Sie weiß nicht, warum das so ist. Manchmal ist sie fröhlich und genauso wie andere Leute. Aber dann gibt es diese Tage, die …" er wusste nicht weiter, wollte nicht zu viel verraten.

„Du meinst die Tage, an denen du nicht zur Schule kommen kannst?", versuchte die Lehrerin, ihm weiterzuhelfen. Er nickte.

„Ja. Sie ist dann irgendwie so traurig, dass sie nur im Bett liegen kann. Oder auf dem Sofa. Sie schafft es dann irgendwie nicht, die Dinge auf dem Hof zu erledigen, füttern usw. oder auch mir Essen zu machen. Obwohl sie mich sehr liebhat!", setzte er fast trotzig hinzu.

Frau Lindström nickte und hätte dem kleinen, traurigen Jungen, der neben ihr saß, am liebsten über die dunklen Locken gestrichen. Doch sie wollte ihn nicht abschrecken und so hielt sie sich zurück.

„Das hat sie ganz sicher, Anders! Ich sehe sie ja auch manchmal in der Schule, wenn sie dich abholt. Und ich sehe, wie ihre Augen freudig leuchten, wenn sie dich sieht! Und manchmal, sagst du, ist sie so … müde, dass sie gar nicht aufstehen mag?"

Dem Jungen taten die Worte seiner Lehrerin sehr wohl. Sie glaubte also auch, dass Mama ihn liebte! Er nickte heftig.

„Ja, sie hat viel Trauriges erlebt. Und seitdem kommt die Trauer immer wieder und ist so heftig, dass sie sich ins Bett legen muss. Und sie möchte gern für mich da sein, aber sie sagt, sie schafft das nicht. Wie kann ich ihr helfen, dass die Traurigkeit weggeht? Können Sie mir das sagen? Ich weiß sonst nicht, wen ich fragen soll! Meine Mutter selbst weiß auch nicht, was sie dagegen tun könnte!"

Frau Lindström atmete tief durch. Sie war sehr aufgewühlt

über das, was der kleine Anders ihr erzählt hatte. Sie war gerührt, dass er Rat bei ihr suchte. Doch am meisten war sie wütend, wütend auf sich selbst, dass sie nicht eher gehandelt hatte! Sie hatte doch geahnt, was los war, und alles, was sie getan hatte, war, dem Jungen bei den Schulaufgaben zu helfen! Der kleine Kerl war ganz allein in einer Situation, mit der Erwachsene kaum fertig wurden. Am liebsten hätte sie sich selbst geohrfeigt, doch das hätte nichts geholfen. Jetzt musste sie etwas anderes tun. Es war noch nicht zu spät.

Sie legte sehr vorsichtig ihre Hand auf die des Jungen und sah ihm in die Augen, in denen Tränen standen. Die Tränen eines sorgenden Kindes.

„Anders, deine Mama liebt dich, das weiß ich. Aber deine Mama ist krank. Nicht am Körper, sondern an der Seele. Aus welchen Gründen, das kann ich nur ahnen. Doch genauso, wie es Ärzte gibt, die Körper heilen, gibt es Ärzte, die das mit den Seelen tun. Man nennt sie Psychotherapeuten."

In Anders' Kopf schwirrten sehr viele Gedanken durcheinander. Eine Krankheit? Konnte man sie heilen? Oder wenigstens lindern?

„Sie sagen, eine Krankheit? Wie heißt sie? Was macht ein … Psychotherapeut? Tut es weh, sich behandeln zu lassen? Kostet es Geld? Wir haben nicht viel … Wird meine Mama wieder gesund?", so viele Fragen strömten aus seinem Mund und seine Stimme überschlug sich dabei.

„Oh, das sind viele Fragen, aber ich kann natürlich verstehen, dass du darauf Antworten haben möchtest. Ich bin keine Expertin, deswegen weiß ich auch nicht genau, wie die Krankheit heißt. Aber es könnte sein, dass deine Mama eine Depression hat. Wie gesagt, ich weiß das nicht genau, es ist nur eine Vermutung. Ein Psychotherapeut kann das genauer feststellen. Und, nein, es tut nicht weh, sich behandeln zu lassen, zumindest nicht körperlich!"

Anders blickte sie fragend an.

„Nun, es gibt Schmerzen, die nicht am Körper weh tun, sondern im Herzen."

Der Junge dachte an den Druck in seiner Brust, den er neulich Abend erlebt hatte, und nickte.

„Und ein Therapeut wird versuchen, durch Gespräche und die richtigen Fragen genau zu diesen Punkten zu gelangen, die dem Menschen Kummer bereiten. Und das ist natürlich nicht angenehm, wenn man gezwungen wird, auf das zu schauen, was den Kummer verursacht, den man doch tief vergraben hat. In der Hoffnung, ihn nie mehr zu spüren. Doch genau das muss man tun: Den Kummer spüren, den Kummer hochholen. Wie eine Welle, die beim Sturm Muscheln und Steine aus der Tiefe des Meeres holt, sie tüchtig durcheinanderwirbelt und dann schließlich auf den Strand spuckt. Und so wie das Meer sich von diesen Dingen befreit, die es aus seiner Tiefe hervorholt, so befreit sich ein Mensch von seinem Seelenschmerz, den er tief unten in seinem Herzen begraben wollte. Erst tut es weh, er fühlt sich durcheinandergewirbelt wie die Muscheln und Steine in den Wellen. Doch kann er sich von seinem Kummer befreien, so wie das Meer, dann kann er auch wieder mit dem Leben mitfließen. Menschen, die ihren Kummer loswerden wollen, müssen durch die Wellen des Schmerzes gehen, um wieder gesund werden. Kannst du verstehen, was ich damit zu sagen versuche?"

Anders dachte an die vielen Tränen, die er in seinem Kinderzimmer und später in den Armen seiner Mutter geweint hatte. Und auch daran, dass er zwar vollkommen erschöpft gewesen war, aber sich gleichzeitig erleichtert gefühlt hatte. Tatsächlich so, als hätte er etwas losgelassen wie das Meer die toten Muschelschalen. Er nickte wieder.

„Sehr gut! Du bist ein kluger Junge! Das Wichtige ist nicht das Geld, das so ein Arzt kostet. Das zahlt bei uns die Krankenkasse, genauso, als wenn du eine Erkältung hast oder geimpft werden musst. Das Wichtigste ist, dass der Patient, also deine Mama, mit der Behandlung einverstanden ist."

„Natürlich ist sie das!", meinte Anders im Brustton der Überzeugung. „Sie will doch für mich gesund werden!"

Frau Lindström bremste seinen Optimismus nur ungern.

„Weißt du", begann sie vorsichtig, „manche Menschen nehmen in diesem Zustand ungern Hilfe an."

Anders runzelte die Stirn.

„Aber warum sollte sie sich denn nicht helfen lassen? Wenn das doch die einzige Möglichkeit ist, gesund zu werden?"

Frau Lindström unterdrückte ein Seufzen. Wenn die Dinge nur immer so einfach wären, wie Kinder sie sahen!

„Manchmal wissen die Menschen gar nicht, dass sie krank sind. Sie fühlen sich schwach, traurig oder leer oder irgendwie nicht ganz richtig. Und fast immer denken sie, dass es ihre Schuld ist. Und dass sie einfach bloß zu schwach sind, um sich zusammenzureißen. Und deswegen schämen sie sich. Und das wird dann zum Teufelskreis: sie versuchen, ihre vermeintliche Schwäche vor anderen zu verbergen, gehen nicht aus dem Haus, gehen nicht an die Tür, ziehen sich zurück. Damit die anderen nicht merken, dass mit ihnen etwas nicht stimmt. Denn sie selbst halten diese „Schwäche" ja für ihre Schuld. Sie müssen sich erst mal erlauben, zu erkennen, dass diese Störungen, diese Abweichungen vom Normalen, keine Frage von Schuld sind, sondern dass sie im Moment einfach Opfer einer Krankheit sind und Hilfe brauchen. Und dieser Weg ist oft weit, das muss ich dir leider sagen."

Anders schwieg bedrückt. Seine Mutter hielt sich auch für schuldig, so viel hatte er herausgehört. Doch er musste ihr sagen, dass sie es nicht war. Dass es Hilfe für sie gab. Und damit auch für ihn! Er musste sie überzeugen!

Doch stimmte das auch alles, was Frau Lindström erzählte? Durfte er dies alles so einfach glauben? Auch wenn er sicher war, dass Frau Lindström es nur gut mit ihm meinte, er durfte

seiner Mutter in ihrer verletzlichen Situation nicht mit Halb-
wahrheiten kommen! Das war er ihr schuldig. Er sah Frau
Lindström direkt in die Augen.

„Darf ich Sie fragen, Frau Lindström, woher Sie das alles
wissen? Und warum weiß meine Mama, die sonst sehr viel
weiß, das nicht?"

Frau Lindström zögerte kurz. Doch den zurückhaltenden
Jungen hatte es sicher viel Mut gekostet, sich ihr anzuvertrauen. Also schuldete sie ihm die gleiche Offenheit.

„Kannst du ein Geheimnis bewahren?", fragte sie ihn.

Anders nickte ernst.

„Ich bitte nicht für mich, es ist nicht mein Geheimnis, sondern das von jemand anderem. Wenn es mich beträfe, würde
ich, so hoffe ich zumindest, sehr offen mit meiner psychischen
Störung umgehen. Doch in diesem Fall geht es um jemand anderen, jemanden, der sich ebenfalls für diese Krankheit
schämt und nicht möchte, dass jemand in unserem Dorf davon weiß."

Sie wurde unsicher. Durfte sie dieses Geheimnis wirklich
weitererzählen? Doch sie sah Anders in seine dunklen Augen,
die so trauerumflort waren und sah keinen anderen Ausweg:
Wollte sie ihm wirklich helfen, musste sie sich sein Vertrauen
verdienen. Sie hoffte, ihre Cousine würde es ihr verzeihen. Sie
würde es ihr gleich morgen beichten.

„Du kennst meine Cousine, Anna Lindström?"

Natürlich nickte Anders. Anna Lindström aus dem kleinen
Supermarkt des Dorfes kannte jeder.

„Und du versprichst mir, dass das, was du jetzt hörst, niemals deine Lippen verlässt?", vergewisserte sie sich ein zweites Mal.

„Ich verspreche es hoch und heilig, Frau Lindström!",
meinte Anders feierlich.

Die alte Lehrerin nickte.

„Nun, ich bitte dich wirklich sehr darum! Meine Cousine würde es mir sonst nie verzeihen! Tatsächlich leidet auch sie an einer Depression, weswegen ich auch daran gedacht habe, als du mir vorhin von deiner Mutter erzählt hast!"

Anders riss die Augen auf. Die nette, grauhaarige Frau Lindström aus dem Supermarkt, die ihrer Cousine nicht nur wie aus dem Gesicht geschnitten war, sondern auch Kinder genauso liebte wie diese.

„Frau Lindström hat eine … Depression?! Aber sie ist doch nie traurig und immer am Arbeiten … ich meine, ich sehe sie jedenfalls ganz oft …" Er wurde nachdenklich.

„Die Ausprägungen dieser Krankheit sind nicht immer gleich. Vor allem haben die Patienten oft ein ziemliches Geschick darin, eine Maske aufzusetzen. Sie machen ein fröhliches Gesicht, obwohl es in ihrem Inneren dunkel und trostlos ist. Und warum tun sie das? Weil sie nicht wollen, dass andere Menschen sehen, dass mit ihnen etwas nicht in Ordnung ist. Weil sie sich klein vorkommen und sich lieber von einer „besseren" Seite präsentieren möchten. Sie hat sich mir vor vielen Jahren einmal anvertraut, ich danke Gott noch heute dafür.

Ich habe ihr geholfen, einen Arzt zu finden. Sogar zwei: einen Psychotherapeuten, den sie dann einmal die Woche besucht hat, um mit ihm über ihre Probleme zu reden. Und einen zweiten, von dem ich dir noch gar nicht erzählt habe: Es gibt auch noch Psychiater, auch diese helfen Patienten, deren Seele durcheinander ist. Allerdings weniger mit Gesprächen, sondern eher mit Medikamenten. Denn bei Depressionen sagt man, dass das chemische Gleichgewicht der Hormone durcheinandergeraten ist. Medikamente, sogenannte Antidepressiva, können helfen, dieses Gleichgewicht wiederherzustellen.

Und bei meiner Cousine war die Therapie sehr erfolgreich: sie nimmt diese Tabletten und kennt inzwischen ihre Herzensthemen sehr genau. Sie hat mit allem „aufgeräumt", was sie in der Vergangenheit belastet hat. Und ist heute wieder ein neuer Mensch, der keine schlechten Phasen mehr kennt. Wohl gibt es Tage, die ihr ein bisschen grauer vorkommen als andere. Doch sie sagt, das sei überhaupt kein Vergleich zu früher!"

Anders schluckte. Er war aufgeregt, fühlte er doch, dass es unerwarteterweise eine Lösung geben könnte. Doch er sah noch etwas: Frau Lindström hatte ihm ein riesiges Geschenk gemacht. Sie hatte ihn ernst genommen und etwas erzählt, was sie niemandem hätte erzählen dürfen. Das war ihr bestimmt nicht leichtgefallen.

„Danke, dass Sie es mir erzählt haben, Frau Lindström! Ich verspreche, ich werde niemandem davon erzählen, auch nicht meiner Mutter!"

Die ältere Dame nickte erleichtert. Der Junge hatte sie verstanden.

„Hätte ich doch bloß einen Computer!", meinte Anders nach einem kurzen Moment des Schweigens, ganz in Gedanken versunken. Seine Lehrerin runzelte die Stirn.

„Wieso, wie kommst du jetzt darauf?"

„Weil ich dann im Internet alles lesen würde, was dort über Depression steht!"

Frau Lindström dachte kurz nach.

„Weißt du was, Anders? Wir zwei gehen in die Schulbibliothek und ich zeige ich dir, wie man den Schulcomputer bedient. Und dann recherchieren wir beide alles, was es zu wissen gibt! Was meinst du?"

„Wirklich?"

Anders Gesicht hellte sich schlagartig auf. Doch dann erlosch das Leuchten so schnell wie es gekommen war.

„Aber haben Sie nicht gesagt, Sie haben nicht so viel Zeit?"

„Nun, ich glaube, das ist jetzt einfach wichtiger. Meine Verpflichtung kann ich verschieben. Wie sieht es bei dir aus? Darfst du länger bleiben?"

33

Anders nickte.

„Mama weiß, dass Sie manchmal Extra-Unterricht mit mir machen, und hat mir erlaubt zu bleiben, wann immer Sie Zeit haben. Sie macht sich keine Sorgen!"

„Gut, dann gehen wir!"

Und so gingen der kleine Junge mit seinen großen Problemen und die Lehrerin mit dem großen Herzen in die Schulbibliothek. Sie suchten nach dem Begriff „Depression" und verwandten Diagnosen, nach Therapiemöglichkeiten, nach Behandlungserfolgen. Anders' Ohren glühten. Zum ersten Mal spürte er die Macht und die Kraft des Wissens. Er fand die Worte seiner Lehrerin bestätigt, doch er lernte noch so vieles mehr. Bis zum Abend hätte er hier sitzen können, doch irgendwann legte ihm seine Lehrerin die Hand auf den Arm.

„Wissen wir alles, was wir wissen müssen, um mit deiner Mama zu sprechen?"

„Nein, ich weiß nicht genug!", hätte er am liebsten gerufen. Doch er sah ein, dass er Frau Lindströms Zeit nicht unendlich für sich beanspruchen konnte. Es fühlte sich gut an zu wissen. Und er war seiner Lehrerin so unendlich dankbar, dass ihre Worte nur ganz langsam in ihn einsickerten …

„Ähem, WIR sollen mit meiner Mama sprechen? Sie … und … ich?", er verhaspelte sich ein wenig vor Aufregung.

„Ja, wenn das in Ordnung für dich ist, würde ich gern mitgehen. Ich kann auch alleine mit ihr sprechen, wenn dir das lieber ist! Ich hätte schon längst etwas unternehmen müssen, es tut mir wirklich leid, Anders! Aber jetzt bin ich an deiner Seite und da bleibe ich auch, ja?"

Anders umarmte die Frau mit den kurzen, grauen Haaren spontan sehr fest.

„Danke!", flüsterte er.

Lisa Anderson, ihr Sohn und seine Lehrerin sollten an diesem späten Nachmittag sehr lange zusammensitzen. Doch zu Frau Lindströms Erleichterung brauchte es nicht viel Überzeugungskraft, um Anders Mutter davon zu überzeugen, dass sie Hilfe brauchte. Der Gefühlsausbruch ihres Sohnes am gestrigen Tage hatte sie gehörig durcheinandergebracht. Vor allem, dass er sich für die Ursache ihres Unglücklichseins hielt, hatte sie in echte Verzweiflung gestürzt. Dieser Gedanke war ihr nicht einmal im Traum gekommen! Sie würde alles daransetzen, wieder die Mutter zu sein, die sie gern sein wollte. Sie erhielt die Adressen der Ärzte, die ihr helfen konnten, und versprach der Lehrerin, dass sie sich gleich am nächsten Tag um einen Termin kümmern würde. Und sie hielt Wort.

Nach den ersten Terminen riet ihr der Psychotherapeut zu einem mehrwöchigen Aufenthalt in einer Klinik. Dies lehnte sie rundweg ab und verwies auf ihre Situation als alleinerziehende Mutter und Landwirtin. Doch als sie abends mit Anders über den Vorschlag des Arztes sprach, meinte dieser:

„Mama, ich habe gelesen, dass so ein Aufenthalt für viele Patienten sehr hilfreich ist!"

Lisa riss die Augen auf.

„Aber, ich kann dich doch hier nicht allein lassen!"

Anders verkniff sich die Bemerkung, dass er eigentlich schon viele Male allein gewesen war, nämlich, wenn sie teilnahmslos im Bett gelegen hatte. Tatsächlich hatte er wirklich ein mulmiges Gefühl im Magen, wenn er daran dachte, für Wochen von ihr getrennt zu sein.

„Vielleicht finden wir dafür eine Lösung!", sagte er forsch, um seine Unsicherheit zu verbergen.

„Die Atlanter haben auch immer Lösungen gefunden! Na ja, fast immer …", murmelte er hinterher. Die Mutter lächelte.

„Die aus dem kleinen Kometen? Na, wenn die das konnten, dann schaffen wir beide das auch!"

Und so war es dann auch. Lisas Nachbar, dem sie damals Azmir „abspenstig" gemacht hatte, erklärte sich bereit, ihre Tiere mitzuversorgen. Und Lisas beste Freundin Emma war damit einverstanden, Anders bei sich aufzunehmen. Ihr Sohn Mads, der mit Anders in die Klasse ging, zeigte sich zwar weniger begeistert, aber auf ihn nahmen sie keine Rücksicht. Emma war froh, dass sich ihre Freundin endlich Hilfe holte! Und glücklich, dass sie ihr dabei ein bisschen helfen konnte! Frau Lindström versprach, Anders drei Mal pro Woche in die Klinik zu fahren, damit er seine Mutter besuchen konnte.

Emma bemühte sich nach Kräften, dass Anders sich bei ihnen wohlfühlte. Ihr Mann, Mikkel, nahm ihn mit, wann immer Anders Lust darauf hatte: so lernte dieser, Kühe zu melken, Zäune zu reparieren, ja, sogar den Traktor durfte er ein kleines Stück selber fahren! Doch am meisten Spaß machte es ihm, mit Ida, Mads riesiger Hündin, und ihren drei Welpen herumzutollen. Dort traf er zwangsläufig seinen Klassenkameraden, der seinen Hund abgöttisch liebte und ebenfalls gern mit den kleinen Hündchen spielte. Im gemeinsamen Spiel mit den Tieren kamen die Jungen einander leise und behutsam näher.

Nach einiger Zeit stand Mads in der Schule nicht mehr bei Mors, wenn dieser wieder seine Tiraden gegen Anders vom Stapel ließ. Er lachte nicht mehr mit, sondern ging weg, wenn die anderen Anders ärgerten. Als drei Wochen ins Land gegangen waren, und er Anders von einer anderen Seite kennengelernt hatte, wurden die Hänseleien dem sonst sehr ruhigen Mads zu viel.

„Ach, Mors, lass' dir mal was anderes einfallen! Das ist doch alles Blödsinn! Komm' Anders, lass' uns gehen!"

Anders war sprachlos und vergaß, sein ausdrucksloses Gesicht zu machen. Hatte Mads ihn gerade verteidigt? Wie ein … Freund? Er schluckte schwer und versuchte, die aufsteigenden Tränen zu unterdrücken.

Doch es wurde noch besser! Denn Mads hatte eine gute Freundin, Erlanda, die auf dem Nachbarhof wohnte. Sie und Mads waren befreundet, seitdem sie denken konnten. Als der Junge sich von der Gruppe abwendete und den verwirrten Anders hinter sich herzog, sagte Erlanda, ohne auch nur eine Sekunde nachzudenken:

„Ich finde auch, dass es hier langweilig ist. Kommst du, Dagny?"

Dabei sah sie Mors herausfordernd an und zog ihre beste Freundin mit sich. Die beiden Mädchen folgten Anders und Mads mit hoheitsvollen Mienen.

Damit begann für Anders ein neues Leben: er hatte nun wirkliche Freunde, die ihn mochten, so wie er war! Er verstand zwar selbst nicht so recht, wie das auf einmal passiert war, aber so war es! Frau Lindström lächelte nur liebevoll, als er ihr etwas stotternd auf der Fahrt zu seiner Mutter von seinen neuen Freunden erzählte. Sie hatte längst mitbekommen, dass sich in der Klasse einiges verändert hatte, und sie freute sich, dass der zurückhaltende Junge nun ein paar Mitstreiter gewonnen hatte.

„Das wäre nie passiert, wenn ich nicht bei Emma und Mikkel hätte wohnen dürfen, während meine Mama im Krankenhaus ist!", meinte Anders nachdenklich.

Frau Lindström hatte ihre Augen fest auf die regennasse Straße gerichtet. Sie nickte zustimmend:

„Doch so ist es tatsächlich oft im Leben, Anders! Dinge, die durch und durch negativ scheinen wie eine Mama, die krank ist und lange Zeit in die Klinik muss. Ein Kind, das noch nie von seiner Mutter getrennt war, und Angst vor dem Alleinsein hat. Obwohl …", sie zwinkerte ihm mit einem raschen Seitenblick zu. „… obwohl es so klug und so tapfer ist, wie gewisse Beifahrer! Ja, ein Kind darf Angst um die Mama und auch um sich selbst haben, wenn die Mutter nicht da ist! Das ist nicht schön und jeder versteht, dass man in dieser Situation traurig ist!

Doch daraus kann so viel Gutes erwachsen, wie jetzt bei dir! Du hast die Situation mutig angenommen, obwohl es nicht schön ist, woanders wohnen zu müssen. Du hast es auf dich genommen, weil du wusstest, dass es auf lange Sicht besser für deine Mutter ist. Und damit auch für dich! Ich nenne das „mit dem Leben mitschwingen". Das hast du getan! Du hast nicht gehadert, du hast dich gefügt, oder sagen wir besser, „arrangiert", mit Dingen, die so laufen mussten, damit das beste Ergebnis dabei herauskommen konnte. Das war super von dir, Anders!"

Das Lob der älteren Frau am Steuer ließ seine Wangen erglühen. Sie fuhr fort:

„Und umso mehr freut es mich, dass du dafür eine Belohnung von einer ganz unerwarteten Seite bekommen hast! Bewahre dir diesen Moment im Herzen, Anders. Aus Unglück und Trauer kann etwas sehr Gutes entstehen, wenn man handelt, wo man kann, und mitschwingt, wo das Leben das Steuer in der Hand hat! Schön, dass du jetzt Freunde hast!"

Sie tätschelte dem Jungen kurz das Knie. Anders dachte über ihre Worte nach und verstand, was sie ihm sagen wollte. Und in seinem Herzen wurde es ganz warm, wenn er an seine drei neuen Freunde dachte: Mads, Erlanda und Dagny.

Hatten die Mädchen sich ihm zunächst aus Freundschaft zu Mads zugewandt, so wuchs ihnen Anders, der so klug war und viele gute Ideen hatte, bald ehrlich ans Herz. Viele Nachmittage verbrachten die vier auf Mads' oder Erlandas Hof, spielten mit den jungen Welpen oder streichelten die kleinen Schäfchen, die auf Erlandas Farm gerade zur Welt gekommen waren.

Zwischendurch besuchte er immer wieder seine Mutter, die ihm versicherte, dass es ihr schon viel besser ginge und sie sich freute, zu ihm nach Hause zu kommen. Doch so recht traute er dem Frieden noch nicht, zu oft hatte er schon erlebt, wie ihre Stimmung wieder gekippt war.

So gingen die zehn Wochen viel schneller herum, als er befürchtet hatte. Eines Tages fuhr seine Mutter in ihrem alten Volvo auf den Hof ihrer Freundin, um ihn nach Hause zu holen. Der Aufenthalt in der Klinik hatte ihr gut getan und ihre Augen strahlten wieder. Fast tat es ihm leid, sich von Mads, seinen Eltern und vor allem den Hundewelpen zu trennen. Doch natürlich freute er sich auch darauf, wieder nach Hause zu kommen.

Als sie sich verabschieden mussten, sah Mads ihn prüfend an. Er schien das Dilemma des Freundes ohne Worte zu begreifen.

„Hey, es wird sich nicht viel ändern! Du kommst doch weiterhin zu mir, oder etwa nicht? Was soll ich denn Magnus sagen, wenn du nicht mehr kommst?"

Anders fiel ein Stein vom Herzen, hatte er doch Angst gehabt, dass die Freundschaft zu diesem ruhigen und dabei so klaren Jungen wieder ein Ende haben könnte, wenn er selbst zu seinem Hof zurückkehren würde. Als Magnus seinen Namen hörte, kam er prompt angetrottet und stupste Anders auffordernd mit seiner feuchten Schnauze. Dieser kniete sich auf den Boden und barg seinen Kopf im Fell des Hundes. Er war der kleinste der drei Welpen, aber er trug den größten Namen, wie die Erwachsenen belustigt festgestellt hatten. Anders war sein Lieblingsmensch, warum, das wusste keiner. Und auch Anders' Herz gehörte dem kleinen Welpen, der ihn auf Schritt und Tritt verfolgte. Schweren Herzens ließ er den Hund los und stand auf.

„Na gut, das ist ein Argument! Ich komme euch wieder besuchen, Magnus ohne mich geht ja gar nicht und ok, dann spiele ich halt auch mit dir, wenn ich dann schon mal da bin!", tat er großzügig.

Die Jungen lachten und gaben sich die Hand.

„Mach's gut, war schön mit dir!", meinte Mads.

„Danke, Mads, für alles!"

Anders sah seinem neuen Freund fest in die Augen. Der nickte.

„Bis morgen, in der Schule!"

Inzwischen hatte sich Anders' Mutter auch von ihrer Freundin Emma verabschiedet und trug Anders' Sachen zum Auto. Als sich Anders gerade auf den Beifahrersitz schieben wollte, hörte er Mads' Stimme:

„Moment, ihr habt etwas vergessen!"

Er trat aus dem Haus, gefolgt von einer lächelnden Emma. Auf dem Arm hielt er Magnus.

„Dieses komische Ding hängt doch eh' immer an dir dran, magst du das nicht mitnehmen?"

Er grinste breit und hielt Anders den wild zappelnden Welpen hin. Anders Augen wurden tellergroß. Er drehte sich zu seiner Mutter um.

„Darf ich …?", flüsterte er heiser.

Lisa lächelte genauso breit wie Emma, die beiden Frauen hatten sich schon vorher besprochen.

„Natürlich darfst du, Magnus ist herzlich willkommen bei uns!"

Anders schrie vor Freude laut auf und sprang wieder aus dem Wagen. Er wusste nicht, wen er zuerst umarmen sollte, Magnus und Mads, Emma, seine Mutter oder die ganze Welt! Er entschied sich für Magnus und dieser schleckte ihm begeistert das Gesicht ab. Mads legte das winselnde Tier lachend in Anders' Arme.

„Ich schätze, den sehe ich auch bald wieder, wenn du uns besuchen kommst!"

Hier hätte die Geschichte gut enden können. Hat sie aber nicht. Eine Geschichte geht weiter, solange das Leben im Fluss ist. Und solange sie mit anderen Geschichten verbunden ist.

Für Anders wurde erst einmal alles besser: Es gab keine ganz schlimmen Tage mehr im Leben seiner Mutter, die sie zwangen, wie gelähmt im Bett zu bleiben. Er hatte Freunde gewonnen, wenn auch nicht viele, aber das war ihm nicht wichtig. Mads, Erlanda und Dagny blieben ihm treu zur Seite, und die Hänseleien der anderen Kinder wurden weniger, auch wenn sie nie ganz aufhören wollten. Er hatte außer seiner Mutter in Frau Lindström eine weitere Erwachsene, der er nun bedingungslos vertraute. Seine Lehrerin hatte ihrer Cousine den „Verrat" längst gebeichtet und diese wiederum hatte ihr sofort verziehen. Ja, es rührte sie sogar, dass ihre eigene Geschichte vielleicht dazu beigetragen hatte, ein beziehungsweise sogar zwei andere Leben besser zu machen. Wenn Anders bei ihr einkaufte, schenkten die beiden sich ein tiefes Lächeln, das manchmal von einem kleinen, verschwörerischen Zwinkern begleitet wurde.

Aber das Allerbeste war natürlich, dass er jetzt Magnus hatte. Er liebte den Hund mit jeder Faser seines Daseins und der Hund liebte bedingungslos zurück. Lisas Herz ging auf, wenn sie die beiden auf Streifzug sah, und sie freute sich über das Glück ihres Sohnes.

Sie selbst hatte immer wieder Phasen, in denen sie die Traurigkeit ein wenig in den Rückzug zwang, doch sie besuchte weiterhin den Therapeuten, dem sie sich nach und nach öffnen konnte. Sie lernte, wie sie mit den schlechteren Phasen umgehen konnte: Zum Beispiel sich aufzuraffen und durch die Heide zu joggen statt einfach im Bett liegenzubleiben. Auch das Arbeiten tat ihr gut. In der Klinik hatte sie neue Arten zu malen kennengelernt: Acryl, Öl, abstrakt, einen Impuls folgend, nicht nachahmend. Mit Malerei füllte sie nun oft die Abendstunden und der Pinsel schien nicht nur die Leinwand, sondern auch ihre Seele zu streicheln. Anders am Küchentisch neben sich, der seine Schularbeiten nachholte, weil er sich tagsüber mit Mads, Erlanda und Dagny getroffen hatte. Ein kleines Kätzchen gehörte nun ebenfalls ihrer kleinen Gemeinschaft an: Dagny hatte Anders eines aus dem letzten Wurf ihrer getigerten Hauskatze angeboten.

Natürlich gab es auch am Anderson-Hof Katzen, die ihrer Pflicht, die Schar der Mäuse in Schach zu halten, ordnungsgemäß nachkamen. Doch waren sie allesamt wild und hatten keine Lust auf Streicheleinheiten. Aber die kleine Mimì, ein samtig-weißes Kätzchen mit einem lustigen schwarzen Fleck um das rechte Auge, war in Dagnys Hause geboren und von klein auf an Menschennähe gewöhnt worden. Und tatsächlich entpuppte sie sich als liebevoll und anhänglich, wenn sie Lisa schnurrend beim Malen um die Beine strich oder sich in Anders' Schoß zusammenrollte. Mit Magnus verstand sie sich gut, nur wenn der tapsige Hütehund einmal gar zu wild spielte, versetzte sie ihm einen drohenden Tapser mit ihrem winzigen Pfötchen.

Lisa erzählte ihrem Sohn alles, was er über ihre Krankheit wissen wollte. Und das war viel. Anders wollte alles hören: wie es in der Klinik gewesen war, was ihre Mitpatienten für Beschwerden hatten, wie die Ärzte sie behandelten. Was die Medikamente mit ihr machten und ob sie diese für immer nehmen musste.

Seine Mutter beantwortete seine Fragen mit großer Offenheit. Immer noch fühlte sie sich schuldig, dass er viele Jahre ohne eine „funktionierende" Mutter hatte auskommen müssen. Immer noch sprach sie in der Öffentlichkeit nicht über ihre Krankheit, als sei diese ein Makel, die nur die Schwächsten der Gesellschaft betraf. Nur mit Frau Lindström tauschte sie sich hin und wieder offen aus, wenn sich die Gelegenheit einmal ergab. Und natürlich mit Emma, ihrer besten Freundin.

Anders' Freunde wussten nicht genau, warum seine Mutter vor einiger Zeit in der Klinik gewesen war, sie hatten bisher auch nicht gefragt. Dagny war es, die sich irgendwann ein

Herz fasste, als Anders bei ihr zuhause war, und sie beide mit den verbliebenen kleinen Kätzchen spielten.

„Du, Anders …", fragte sie so beiläufig wie möglich.

„Ja?", antwortete er arglos, während die kleinen Kätzchen die Feder zu fangen versuchten, die er an einer Schnur vor ihnen hin- und herwedelte.

„Warum hast du früher so oft in der Schule gefehlt? Und … warum war deine Mama so lange Zeit im Krankenhaus?"

So, jetzt war es heraus! Leicht war es ihr nicht gefallen, diese Fragen zu stellen, wollte sie doch den neuen Freund, den sie so unerwartet liebgewonnen hatte, nicht verletzen.

Anders starrte sie verunsichert an. Er sah, dass dem Mädchen diese Fragen nicht leichtgefallen waren. Er wollte gern offen sein, tatsächlich fand er selbst auch gar nichts dabei, über diese Krankheit zu sprechen. Doch er wusste, dass seine Mutter anders darüber dachte und würde ihrem Wunsch Folge leisten. Lange überlegte er, wie er antworten sollte.

Dagny schwieg ebenfalls, voller Sorge darüber, dass sie ihn mit ihrer Neugier verletzt hatte.

Schließlich antwortete er:

„Ich würde dir das gern erzählen, aber meine Mutter möchte es nicht. Ich finde das nicht richtig, möchte aber ihren Wunsch respektieren. Doch ich werde heute mit ihr noch einmal darüber reden. Vielleicht darf ich dir irgendwann später einmal darauf antworten?"

Dagny nickte, erleichtert, dass er ihre Fragen nicht falsch aufgefasst hatte.

„Ich, … ich wollte auch nicht neugierig erscheinen, Anders! Aber ich dachte, vielleicht magst du darüber reden! Aua!", schrie sie dann lachend auf, weil sich Bodo, das schwarz-weiße Katerchen in seinem Jagdfieber in ihren Fuß gekrallt hatte.

Am Abend sprach Anders mit seiner Mutter. Er bat sie um Erlaubnis für etwas, von dem er wusste, dass es ihr nicht gefallen würde. Doch sie sprachen lange und er diskutierte erbittert. Schließlich hatte er sie überzeugt. Jetzt brauchte er nur noch Frau Lindströms Hilfe und die Erlaubnis, den Computer in der Bibliothek zu nutzen. Diese zeigte sich erstaunt, doch seiner Bitte kam sie gerne nach. So verschwand Anders für einige Nachmittage in der Schulbibliothek. Ab und zu kam Frau Lindström vorbei, blickte ihm über die Schulter und nickte dann zufrieden.

Wenn seine Freunde fragten, wann er denn mal wieder vorbeikäme, zwinkerte er nur geheimnisvoll und meinte:

„Sehr bald! Ich muss Dagny eine Frage beantworten!"

Der Rest des kleinen Freundekleeblatts sah sich dann fragend an, und selbst Dagny musste die Achseln zucken.

Am nächsten Tag sollte es so weit sein. Am Abend überkam Anders eine nie gekannte Nervosität. Was bildete er sich denn ein? Auslachen würden ihn die anderen, verstehen würden sie nichts! Und alles in der Schule würde noch schlimmer werden! Er lief aufgeregt in seinem Zimmer auf und ab. Er musste es nicht tun! Nur Frau Lindström und Mama wussten von seinem Plan. Wenn er nichts tat, war es nicht schlimm. Doch was sollte er dann Dagny sagen? Sollte er … oder sollte er nicht?

Magnus lag auf seinem Bett und verfolgte mit den Augen, wie sein ungewohnt aufgeregtes Herrchen von der Tür zum Fenster und wieder zurückwanderte.

Da öffnete sich die Zimmertür und seine Mutter steckte ihren Kopf herein.

„Ich habe hier Geräusche gehört, hast du noch Besuch?"

Sie sah ihren Sohn an und erkannte sofort, dass etwas nicht stimmte.

„Was ist los, Anders, kann ich dir helfen?"

Sie setzte sich aufs Bett und legte Magnus eine Hand auf den Kopf, der daraufhin freundlich mit dem Schwanz wedelte.

„Mama, ich weiß nicht, ob ich es morgen tun soll! Du willst es doch auch nicht, dass ich es mache, oder?", fast flehentlich kamen die Worte aus seinem Mund und hilfesuchend sah er seine Mutter an.

Diese wurde nun sehr ernst.

„Nein, ich wollte das nicht. Doch ich habe sehr viel darüber nachgedacht und ich finde es unglaublich, und zwar im allerbesten Sinne des Wortes, dass mein 12-jähriger Sohn mich auf etwas bringen muss, was Ärzte in Monaten nicht geschafft haben: Ich habe eine Krankheit, die sehr schlimm ist. Und es ist traurig für mich und ganz besonders für dich, dass ich diese Krankheit habe. Und ich danke Gott jeden Tag dafür, dass es mir so viel besser geht, und ich bete darum, dass es so bleibt. Diese Krankheit ist schlimm und ich wünsche sie keinem Menschen auf der Welt! Nicht mal der alten Inga!", versuchte sie, mit einem kleinen Scherz ihren Worten den Ernst zu nehmen.

Doch Anders reagierte nicht darauf, er hing an ihren Lippen. Sie atmete tief durch. Frau Lindström hatte ihr erzählt, wie fleißig Anders in den letzten Tagen gewesen war.

„Warum erzählst du nicht erst einmal mir, was du morgen vortragen wolltest? Und dann überlegen wir beide noch einmal gemeinsam, ob das richtig ist oder nicht?"

Anders sah sie an, nickte langsam und begann zu erzählen. Er erzählte von Menschen, die schlimme Dinge in ihrem Leben mitmachen mussten, von Schutzmechanismen, die sich Körper und Seele einfallen ließen, um diese sogenannten Traumata irgendwohin wegzusperren, wo sie nicht mehr gesehen und nicht mehr gefühlt werden mussten. Er erzählte von biochemischen Verbindungen im Gehirn, von Diagnosen, von Menschen, die ihren Alltag nicht mehr bewältigen konnten. Von Ärzten und Einrichtungen, die ihr Bestes gaben, um diesen Menschen ein besseres Leben zu ermöglichen. Und er erzählte von anderen Menschen, die aufgrund von Unwissen und Oberflächlichkeit auf diese Menschen herabsahen, die das Schicksal schon schwer genug gestraft hatte. Immer flüssiger wurde seine Ausdrucksweise und seine Stirn glühte, als rede er sich in Rage.

„So eine Krankheit hatte meine Mutter und sie hat sie immer noch, auch wenn es ihr dank der Medikamente und anderer Therapieformen nun schon sehr viel besser geht. Leider gehörte auch sie zu den Menschen, die glauben, sich für ihre Krankheit schämen zu müssen. Auch heute, wo sie die Umstände ihrer Krankheit kennt, und erst recht keinen Grund mehr hat, sich zu schämen, redet sie nicht gern darüber. Und warum nicht? Weil es Menschen wie euch gibt, Menschen wie dich, Mors, die keine Ahnung haben, aber pauschal bestimmte Dinge oder andere Menschen verurteilen!

Ich erzähle euch das, weil meine Mutter und ich keinen Grund haben, uns für irgendetwas zu schämen! Und wenn ihr weiterhin blöde Witze über dieses Thema macht, dann tut es mir für euch leid, denn dann gehört ihr zu dem Teil der Menschheit, der aus Dummheit oder Faulheit beschlossen hat, nichts dazulernen zu wollen! Dann gehört ihr zu denen, die nichts wissen und nichts verstehen und die aus Boshaftigkeit andere Menschen quälen! Für solche Menschen habe ich im besten Fall noch Verachtung übrig, aber eigentlich bedeuten mir diese Menschen mit ihren kleinen Gedanken gar nichts mehr!"

Schwer atmend beendete Anders seine flammende Rede und sah seine Mutter erwartungsvoll an. Dieser liefen die Tränen herunter und tropften schwer auf sein Kopfkissen, das sie wie einen Schutzwall vor ihrem Bauch zusammengerollt hatte. Als wollte sie dahinter in Deckung gehen. Erschrocken sah Anders seine Mutter an. Hatte er sie verletzt? War er zu weit gegangen?

„Mama, ich …", weiter kam er nicht, denn sie breitete beide Arme aus.

„Komm' her, mein wundervoller Junge!", schluchzte sie bewegt und schloss ihn fest in ihre Arme. Er schmiegte sich fest an sie und auch ihm kamen die Tränen.

„Es tut mir leid, Mama, ich wollte nicht …"

Sie legte ihm einen Finger auf seine Lippen.

„Schschsch …", machte sie und nahm seinen Kopf in beide Hände.

„Anders, du hast mir ein großes Geschenk gemacht und ich danke dir dafür! Ich danke dir, dass du so sehr zu mir hältst! Dank dir weiß ich jetzt, dass ich wirklich keinen Grund habe, mich zu schämen! Dieses Wissen hatte ich eigentlich vorher schon, aber jetzt ist es endlich hier angekommen!" Sie legte sich die Hand auf ihr Herz.

„Ich danke dir, dass du den Mut hast, Dinge in Erfahrung zu bringen und vor allem, sie auszusprechen! Und wie gut du das gemacht hast, besser als jeder Arzt, mit dem ich zu tun hatte! Du bist unglaublich! Ich verspreche dir, dass ich mich niemals wieder vor anderen verstecken werde, wenn es mir nicht gut geht. Ich werde offen dazu stehen, dass ich eine Depression habe und ich werde gut mit mir sein, weil ich weiß, dass ich mein Bestes gebe, um mit meiner Krankheit umzugehen.

Und ganz egal, ob du dich morgen vor deine Klassekameraden stellst oder nicht, du hast mir jetzt schon ein unglaubliches Geschenk gemacht! Und du musst mir deine Loyalität nicht beweisen, ich kann sie fühlen! Wenn du Angst vor der Reaktion deiner Mitschüler hast, kann ich das gut verstehen. Dann halte diesen Vortrag nicht! Doch du sollst wissen, ich habe keine Angst mehr vor den Reaktionen und deswegen darfst du jederzeit frei darüber sprechen, wenn du das möchtest!"

Anders' Augen strahlten, obwohl immer noch ein paar kleine Tränen in ihnen schwammen. Er setzte sich ruckartig auf.

„Wenn **du** keine Angst mehr hast, dann werde ich auch keine haben!"

Die beiden nahmen sich noch einmal fest in den Arm und spürten die intensive Verbundenheit zwischen ihnen, die sie beide glücklich sein ließ.

Anders brauchte viel Mut, um sich am nächsten Tag vor seine Klassenkameraden zu stellen. Frau Lindström hatte angekündigt, dass er freiwillig ein Referat für ein Thema übernommen hatte, das sie in den nächsten Stunden intensiv durchnehmen wollte, obwohl das im Lehrplan gar nicht vorgesehen war. Die Kinder warteten neugierig, als der schwarzhaarige, schmale Junge aufstand und nach vorne ging. Sie hingen gebannt an seinen Lippen, als er, wie es schien, völlig sachlich und emotionslos von psychischen Krankheiten und ihren Ursachen erzählte. Dass sein Innerstes völlig in Aufruhr war, versteckte er hinter gewählten Worten, die seine Kameraden bis ins Mark trafen.

Als er geendet hatte, war es mucksmäuschenstill im Klassenzimmer. Einige Kinder sahen sich betroffen an. Einige schämten sich. Alle sahen sie den kleinen, dunkelhaarigen Jungen, der so mutig für seine Sache eingetreten war, jetzt mit anderen Augen.

Als Erstes begannen seine drei neuen Freunde, heftig zu klatschen und vor allem Dagny begriff, wie viel Mut dieser Schritt den ruhigen Jungen gekostet hatte. Sie sprang auf und rief:

„Bravo, Anders!"

Die anderen Kinder begannen ebenfalls zu klatschen und einige folgten sogar Dagnys Beispiel und sprangen spontan auf die Füße. Anders' Herz öffnete sich weit, als er sah, wie seine Worte aufgenommen worden waren. Einige wenige in der Klasse, darunter Mors, der ja direkt angesprochen worden war, fielen nicht in den Applaus ein. Doch die meisten Hände bewegten sich stürmisch und, wie es Anders schien, auch ehrlich. Mit wackligen Knien ging er zu seinem Tisch zurück, den er sich inzwischen mit Mads teilte. Als er sich setzte, schlug ihm sein Freund anerkennend auf die Schulter.

„Sauber, Respekt, Mann!"

Frau Lindström bat um Ruhe.

„Vielen Dank, Anders! Gut gemacht! Du hast sehr ordentlich recherchiert und für deine Recherchen die richtigen Worte gefunden. Da könnt ihr einmal sehen, wie wichtig es ist, sich erst mit den Fakten vertraut zu machen, bevor man sich ein vorschnelles Urteil erlaubt! Und wie wichtig es ist, für Dinge einzutreten, die einem am Herzen liegen, auch wenn einem dabei Hindernisse in den Weg gelegt werden!"

Bei diesen Worten sah sie Mors durchdringend an, der ihrem Blick auswich.

„Und ihr habt noch etwas gelernt: Wie wichtig die Macht der Worte ist!"

Diese Bemerkung seiner Lehrerin würde Anders nie vergessen und sie würde ihn sein Leben lang begleiten.

Nachdem sich so vieles in seinem Leben zum Besseren gewendet hatte, wofür er selbst den Grundstein gelegt hatte, brachte der Postbote ein halbes Jahr nach diesem denkwürdigen Referat seiner Mutter einen Brief ins Haus. Sie runzelte die Stirn, denn er trug keinen Absender und doch war die Adresse mit der Hand geschrieben. Sie öffnete ihn und wurde blass. Ihre Augen wurden tellergroß und sie schien die Buchstaben förmlich einzusaugen.

Anders setzte sich zur ihr.

„Mama, was ist?"

Sie hob die Hand, abwehrend, so als wollte sie jetzt nicht gestört werden. Es fiel Anders schwer, ruhig sitzenzubleiben und geduldig abzuwarten, bis sie den Brief zu Ende gelesen hatte. Doch ihm blieb nichts anderes übrig. Endlich ließ sie den Brief sinken, erschüttert, erschlagen und ihre Augen starrten in die Ferne, verwirrt und suchend.

Anders bekam Angst. Magnus, der inzwischen ein ganzes Stück gewachsen war, legte tröstend seinen dicken Kopf in den Schoß des Jungen. Dieser streichelte abwesend das weiche Fell.

„Ist etwas passiert? So rede doch, Mama!"

Die Gedanken seiner Mutter, die Lichtjahre entfernt schienen, fanden mit Mühe in die Gegenwart zurück.

„Ja, es ist etwas passiert, aber nichts Schlimmes. Glaube ich zumindest!"

Der Junge runzelte fragend die Stirn.

„Ich … ich bin etwas durcheinander, ich muss mich kurz sortieren!", sie atmete ein paar Mal tief durch. Anders verging inzwischen fast vor Ungeduld.

Schließlich nickte sie:

„Am besten ist, ich lese dir diesen Brief vor. Er ist von deinem Vater!"

Lisa, mein Herz,
so durfte früher ich dich nennen, weiß ich nicht, ob es heute auch noch darf!

Lisa lächelte Anders entschuldigend an:

„Dein Vater spricht unsere Sprache nicht perfekt!"

Sie las weiter:

Mir fehlen viele Worte, nicht nur in deiner Sprache, aber auch in meiner eigenen, die meiner Mutter! Das wichtigste Wort ich sagen am Anfang: Entschuldigung! Entschuldigung, für alles, was ich dich getan! Wenn erlauben, dann ich erzählen in richtiger Ordnung: als ich dich verliebt haben, du sein meine ganze Welt, alle Sterne, die Sonne, der Mond. Damals du sein alles für mich. Und ich immer große Angst, dich zu verlieren. Ich mich nicht trauen zu erzählen,

dass ich nicht sein dürfen in deine Land. Ich wollen alles vergessen,
was Schlimmes ich sehen in meine Land, dürfen weinen in deinen
Armen und auch stark ich wollen sein für dich, für dein Haus, deine
Tiere. Und für unser Kind!

Ich wollen so gern heiraten dich, doch ich Angst haben, gefunden
und wegschicken werden. Ich nicht wissen, wie dir sagen, ich dich
lieben und doch nicht kann heiraten, weil Polizei mich dann finden.
Ich so Angst, dass du denken, dass ich dich nicht lieben. Ich dumm,
ich einfach nix sagen. Gelähmt ich sein, Angst ich haben, Angst,
dich verlieren, unser Kind verlieren, so wie meine Mutter und meine
Brüder verlieren. Als Männer kommen in Uniform, ich starr vor
Angst, nix können sagen, nix können wehren. Soldaten laufen in
mein Kopf, die kommen und meine Brüder töten. So Polizisten in
Uniform mit Schrecken von früher mich bringen weg.

Werden ich geschickt durch andere Länder, bleiben ich stumm vor
Angst von damals, und wegen Unglück, weil ich dich verloren.
Lange ich sprechen gar nicht mehr. Ich nicht mehr richtig leben,
doch sterben ich wollen auch nicht. Denken immer an dich! Nicht
nach Hause mich schicken Ärzte, sondern wieder in deine Land, weil
gesehen meine Trauerkeit. „Trauma“, sie nennen. Manchmal Ärzte
versuchen, mich helfen. Doch ich viele Jahre brauchen, bis ich wieder
können arbeiten, reden und lachen. Inzwischen sie mich lassen leben
in deine schöne Land, ICH DÜRFEN JETZT HIER ARBEITEN!
Ich froh und stolz, dass nicht mehr heimlich sein müssen und ich
nicht mehr zurückmüssen, wo Tod warten. Ich lange brauchen, bis
deine Adresse finden, früher ich keine Handy, ich nur ungefähr wis-
sen, wo gerade sein. Nicht genau wissen, wo dein Dorf. Dann ich
keine Mut, dich zu schreiben, dich bitten um Entschuldigung.

Doch vor einigen Wochen ich sehen ein Kind auf Straße, ungefähr
zwölf Jahre, so alt wie unseres. Und es lachen so sehr, mit ganze
Herz und ich auf einmal so traurig, weil ich nicht wissen, ob meine
Kind Junge, ob Mädchen, ob Haare hell oder dunkel. Ich nicht ken-
nen Name. Ich so gern wissen, ob Kind gut geht. Ob dir gut geht.
Denn ich immer noch dich lieben, Lisa, mein Herz. Nie ich haben

mehr andere Frau, nie ich wollen. Ich gut verstehen, wenn du nicht wollen mich sehen, nicht mehr mich wollen in deine Leben. Ich alles tun, wie du wollen. Wenn du mich wollen, ich kommen und ich bleiben bei dir, für alle Zeit. Wenn du mich nicht wollen, ich vielleicht sagen „Hallo!" zu meine Kind? Nur einmal? Ich einmal möchte sehen …

Wenn du nein sagen, ich verstehen. Aber, wenn du ja sagen, wenn ich dürfen kommen, dann du machen mich zu meist glücklicher Mann auf Welt. Und ich lernen deine Sprache, so gut wie Professor in Universität, ich versprechen! Lisa, mein Herz, du mir antworten? Ich dir schreiben meine Nummer. Ich arbeiten in Kopenhagen, doch ich kommen, wenn du mich wollen. Ich liebe dich!

Mutter und Sohn blickten sich an. Gedanken schossen durch ihre Köpfe, hell, grell, ungeordnet.

„Was sollen wir tun?", flüsterte Lisa, obwohl sie ganz genau wusste, dass sie einem 12-Jährigen diese Frage nicht stellen sollte.

„Liebst du ihn denn noch?", fragte Anders langsam.

„Ja!", antwortete sie, ohne einen Moment zu zögern. Da hatte sie ihre Antwort, was sie tun wollte! Doch es ging nicht um sie allein. Sie sah ihren Sohn an.

„Möchtest du deinen Vater gern kennenlernen?"

Seine Gedanken sprangen nach wie vor kreuz und quer. Seinen Vater kennenlernen? Nichts wollte er mehr als das! Doch was, wenn sie sich nicht mochten? Oder dieser seine Mutter wieder unglücklich machen würde, unbeabsichtigt oder nicht? Wenn er wieder gehen musste und sie zurückließ? Und würde seine Anwesenheit Mors und seinen Freunden wieder neue Munition geben, ein gefundenes Fressen, auf das sie sich stürzen würden? Oder was, wenn der unbekannte Vater die Mutter ganz für sich vereinnahmte, die er, Anders, endlich zurückbekommen hatte? Doch dann sah er seiner

Mutter in die Augen, sah ihre Angst, aber auch Hoffnung und Liebe.

„Ja, ich möchte meinen Vater kennenlernen. Und wenn du möchtest, dass er bei uns lebt, dann möchte ich das auch. Doch unter einer Bedingung ...", verschmitzt lächelte er seine Mutter an.

Lisas Gesichtszüge hatten sich bei den Worten ihres Sohnes schlagartig erhellt. Doch von welcher Bedingung sprach er jetzt?

„Die wäre?", fragte sie verwirrt.

Er grinste: „Ich wünsche mir zum Geburtstag einen eigenen Laptop. Ich kann nicht wieder dauernd in der Schulbibliothek sitzen, wenn ich mir Wissen zum Thema Geflüchtete und Syrien aneigne. Frau Lindström steigt mir irgendwann aufs Dach!"

Jetzt lachte Lisa hell auf und strich ihrem Sohn liebevoll über das dunkle Haar.

„Das ist ein fairer Deal! Abgemacht! Morgen gehen wir einen kaufen! Doch jetzt ... ich ... ich möchte jetzt einen Moment allein sein und versuchen, deinen Vater zu erreichen!"

Anders riss die Arme in die Luft. Erst die Aussicht, aus heiterem Himmel seinen Vater kennenzulernen und dann noch die unerwartete Zusage, einen eigenen Laptop zu bekommen und in die riesige Welt des Wissens einzutauchen, so viel Glück war fast nicht zu ertragen! Er stand schnell auf.

„Ok, verstehe ich. Ähm, viel Glück!", meinte er etwas unbeholfen.

„Danke! Und wohin gehst DU?"

Er drehte sich noch einmal um.

„Zu Frau Lindström. Vielleicht hat sie Zeit und lässt mich in die Bibliothek. Dann kann ich mit meinen Recherchen schon heute anfangen. Ich kann es gar nicht erwarten!"

Und so fand ein kleiner Junge auf der Suche nach Lösungen für sein Herzensthemen schon in frühen Jahren seine

Berufung. Später würde er Journalist werden und dazu beitragen, die Welt zu retten. Doch das ist eine andere Geschichte …

Diadem des Himmels

„Und wo ist mein Schutzengel jetzt gerade?", fragte das kleine Mädchen mit den langen, schwarzen Haaren interessiert. Sie krauste ihr feines Näschen und sah sich aufmerksam um, als würde der Gesuchte irgendwo in ihrem Kinderzimmer stehen. Ihr Vater hatte das Buch zugeklappt, aus dem er seiner siebenjährigen Tochter vorgelesen hatte. Er seufzte. Eigentlich hatte er gehofft, sie mit einer schönen Geschichte in den Schlaf zu begleiten, doch wie so oft, ging dieser Plan nicht auf.

Mit einem Lächeln betrachtete er das Buch auf seinen Knien, der Einband abgegriffen vom vielen Vorlesen. „Der kleine Komet", der Namensgeber des Kinderbuches, lächelte ihm aufmunternd zu. Sie hatten gerade die Geschichte über die Schutzengel gelesen, Sorayas Lieblingsgeschichte.

„Dein Schutzengel, mein kleiner Schatz, steht gerade mit verschränkten Armen am Fußende deines Bettes, schaut strafend auf die Uhr und wundert sich sehr, dass so ein kleines Mädchen wie du immer noch die Augen offen hat, wo es doch morgen Früh aufstehen und zur Schule gehen muss. Und, warte mal", er kniff angestrengt die Augen zusammen "ja, jetzt sehe ich es genau, er weist mich mit strengem Blick und ausgestrecktem Arm aus dem Zimmer, damit ich dich nicht vom Schlafen abhalte."

Er grinste seine kleine Tochter an. Diese kicherte.

„Ach Quatsch, das stimmt doch gar nicht!", doch immerhin rollte sie sich jetzt in ihrer Lieblings-Schlafposition ein.

„So was machen Schutzengel nicht, die haben wichtigere Aufgaben als ein paar Minuten Schlaf hin oder her …"

Sie gähnte herzzerreißend.

„So, meinst du?", fragte er, beugte sich über ihr dunkles Lockenköpfchen und gab ihr einen Kuss.

„Na, dann ist es ja gut, dass wenigstens dein Vater über deinen Schlaf wacht! Schlaf gut, mein Schatz!"

„Du auch, Papa!", murmelte das kleine Mädchen schläfrig, „träum` was Schönes …"

Leise verließ der Vater das Kinderzimmer.

Diese Szene hatte sich gerade so deutlich vor ihrem inneren Auge abgespielt, als wäre es gestern gewesen. Fast glaubte sie, den Kuss ihres Vaters noch auf der Wange zu spüren, doch dieser Abend lag bereits sieben Jahre zurück. Sie fragte sich, warum er ihr ausgerechnet jetzt in den Sinn kam. Denn sie stand am offenen Grab ihres Vaters und sah zu, wie sein Sarg in die Erde gelassen wurde.

Sie musste mit ansehen, wie der Mensch, der ihr seit ihrer Geburt Mutter und Vater gleichzeitig gewesen war, sie endgültig verließ. Ihre Mutter hatte sie nie gekannt, sie war bei ihrer Geburt gestorben. Auch Geschwister gab es keine und so hatten sie und ihr Vater ein enges Band umeinandergeschlungen und füreinander eine Welt geschaffen, zu der andere Menschen nur selten Zutritt bekamen. Herzenskameraden. Er liebte sie über alles, tat für sie, was in seiner Macht stand, um sie glücklich zu sehen. Außer seiner Arbeit und seiner Tochter Soraya gab es für ihn kaum einen anderen Lebensinhalt. Er fühlte sich nicht mehr zu neuen Frauen hingezogen und er entzog sich seinen Freunden oft, um für die geliebte Tochter da sein zu können. Diese dankte es ihm mit einem offenen, fröhlichen Wesen und einem wunderbaren Lachen, das ihm an langen, anstrengenden Tagen Belohnung genug war.

Auch die in ihrem Alter oft beschworene Rebellion der Teenager war bisher glimpflich an ihm vorüber gegangen: Vater und Tochter bildeten eine Seeleneinheit. Soraya hatte gar nicht den Wunsch verspürt, sich aus der Umklammerung zu lösen. Sie hatte Freundinnen, war in der Schule beliebt, doch die Wochenenden gehörten nach wie vor Vater und Tochter. Beziehungsweise sie hatten ihnen gehört …

Abwesend starrte Soraya in den dunklen Schacht, als der Sarg mit einem dumpfen Laut auf dem Boden aufkam. Dunkle Erde, Leben schluckend. Vielleicht war ihr der Abend gerade jetzt in den Sinn gekommen, weil sie über Schutzengel gesprochen hatten. Tatsächlich hatte sich das Mädchen, obwohl als Halbwaise aufgewachsen, stets besonders behütet gefühlt. Gerade so, als würde nicht nur der Vater, sondern auch eine höhere, ihr wohlgesonnene Macht über sie wachen. Alles im Leben schien ihr zuzufliegen: Menschen, gute Noten, Talente. Ein lachender Magnet des Glücks war sie. Alles, was sie anpackte, funktionierte. Als sie Fußball spielen wollte, hatte ihr Vater sie gefördert, und sie hatte sich als begabte Mittelstürmerin erwiesen. Als sie den Wunsch verspürte, Gitarre zu lernen, hatte er ihr ein Instrument gekauft und ihr erlaubt, sich in der Schule für den Gitarrenunterricht anzumelden. Als sie ihre Freude am Singen entdeckt hatte, war sie kurzerhand in den Chor der Schule marschiert und bereicherte die Gruppe der Singenden mit ihrer schönen, klaren Stimme.

Ihr Vater hatte auch hier wieder mehr getan, als es andere vielleicht getan hätten. Ihr Vater, der mit dem Herzen sehen konnte, was für seinen Liebling wirklich wichtig war! Er hatte ihr angeboten, Gesangsunterricht zu nehmen. Sie wusste, dass dieses Angebot für ihn nicht ganz einfach war, ließ sein Gehalt doch keine großen Extravaganzen zu. Zur Wahl gestellt zwischen nächstem Karriereschritt oder Soraya, hatte er sich stets für seine Tochter entschieden. So war sein Einkommen ausreichend zum Leben, doch nicht für jeden Luxus oder jede Modeerscheinung, der andere Klassenkameraden oft folgten. Doch den Gesangsunterricht sparte er sich gern vom Gehalt ab, sah er doch die Freude in ihren Augen, wenn sie sang. Er liebte es selbst doch so sehr, ihrer lebendigen, manchmal zarten und dann wieder so leidenschaftlichen Stimme zu lauschen. Einer Stimme, die seine Seele berührte.

„Mein Schutzengel ist gegangen", dachte Soraya dumpf, wobei sie selbst nicht genau wusste, ob sie damit ihren Vater meinte oder den besonderen Schutz aus einer anderen Welt, den sie manchmal zu spüren glaubte. Niemals war sie auf die Idee gekommen, er könnte sie je verlassen, der Vater, der doch immer für sie dagewesen war. Wie ein Fels in der Brandung. Und ein liebendes Tochterherz, das zurückbleibt.

„Und wieso scheint heute überhaupt die Sonne?", hing sie ihren verworrenen Gedanken nach. Sonne und tote Erde, die nicht zueinander passen. Tatsächlich breitete sich ein wolkenloser, strahlend blauer Himmel über dem Städtchen Kewaunee in Wisconsin, USA aus. Der Friedhof lag am Ufer des Lake Michigan und eine milde Brise zog vom dunklen Blau des Wassers auf und verführte die alten Bäume des Friedhofs zu einem andächtigen Raunen. Die Sonne schien die Trauernden mit ihren leuchtenden Strahlen zu verspotten.

Es waren viele, die gekommen waren, um Elyar das letzte Geleit zu geben und seiner Tochter Trost zuzusprechen: Sorayas Freundinnen umringten sie und Liz, ihre beste Freundin, hielt sie fest im Arm. Einige Lehrer waren ebenfalls da, genauso Nachbarn und Arbeitskollegen ihres Vaters. Und die Verwandten, die sie eigentlich überhaupt nicht kannte, und bei denen sie jetzt leben sollte. Sie fröstelte und die Umarmung ihrer Freundin wurde fester, so als wollte sie ihr Wärme und Halt zugleich geben. Menschenwärme gegen erstarrte Gefühle.

Einer nach dem anderen kamen die Trauergäste an ihr vorbei, drückten ihr die Hand, murmelten ein paar unverständliche Worte und gingen dann mit gesenktem Kopf weiter. Soraya fühlte sich, als wäre sie in eine dichte Schicht Watte gepackt: Worte drangen wie das Murmeln der Wellen des Lake Michigans in sie ein, unverstanden flossen sie durch sie hindurch, fanden ihren Ausgang, ohne dass ihr Sinn das Mädchen erreichte. Menschen, die sie kannte, defilierten an ihr vorüber, doch ihr Gehirn konnte sie nicht zuordnen, wusste kaum, wer sie waren. Sie drückte Hände, kleine, schmale, große, schwielige, kalte und schweißgebadete, helle und dunkle. Sie blickte auf die vielen Hände, die ihre eigenen kleinen, schmalen Finger umschlossen, eine hilflose Liebkosung, doch die Gesichter traten nicht in ihr Blickfeld. Manch einer wagte es, sie zu umarmen, doch auch das ließ sie nur starr über sich ergehen. Sie weinte nicht, sie fühlte … nichts!

Gefühlt hatte sie zu viel, als die Ärzte im Krankenhaus ihr gesagt hatten, dass der Grippevirus ihren Vater weit mehr geschwächt hatte, als es bei einem sonst gesunden Mann seines Alters üblich war. Millionen Tränen hatte sie geweint, am Krankenbett ihres Vaters, das zu einem Sterbebett werden sollte. Gemeinsam hatten sie geweint, das Ungeheuerliche des Schicksals ungläubig und fassungslos zurückweisend, das sie beide trennen würde.

In seinen letzten Stunden war auch die Familie seines Vaters gekommen, die Soraya flüchtig kannte. Ihre Großeltern hatten sich vor Jahrzehnten vor den Unruhen im Iran, das vor ihrer Geburt noch Persien geheißen hatte, bis nach Wisconsin geflüchtet. Die Großeltern gab es nicht mehr. Doch zu ihnen hatte der Vater sowieso keinen Kontakt mehr gehabt. Denn als er die junge, lebenslustige und durch und durch amerikanische Mary Ann kennengelernt und kurz danach ohne Einverständnis seiner Eltern geheiratet hatte, hatten diese sich von ihrem Sohn abgewandt. Amerikanische Direktheit, zu viel für

Traditionen des Ostens. Abgelehnt. Sie konnten den Eltern der iranischen Braut, die sie selbst für ihren Sohn vorgesehen hatten, nicht mehr unter die Augen treten. Sie hatten Mühe, ihr beschädigtes Ansehen in ihrer kleinen Gemeinde von Migranten aus dem Iran in Kewaunee wiederherzustellen.

Der fehlende Kontakt zu seinen Eltern hatte ihren Vater sehr geschmerzt, das wusste Soraya. Doch dank seiner Frau hatte er sich endlich in dem Land, das ihm ein neues Zuhause geworden war, willkommen gefühlt. Er schloss mit den alten Traditionen seines Herkunftslandes ab und verschrieb sich seinem neuen Leben in Amerika. Auch als seine Frau bei der Geburt ihres ersten Kindes gestorben war, führte er das Leben so weiter, wie er es mit ihr geführt hatte, ohne den Sitten und Bräuchen seiner ursprünglichen Heimat zu folgen. Kurze Zeit danach waren seine Eltern ebenfalls verstorben, die mit ihrem jüngsten Sohn bis zu ihrem Tode nicht mehr gesprochen hatten. Doch zumindest der Weg zu seinem älteren Bruder Amon schien durch den Tod der Eltern wieder offen. Tatsächlich hatten die beiden Brüder wieder Kontakt miteinander aufgenommen. Doch ihre Lebensweise hätte unterschiedlicher nicht sein können: Wo der Jüngere sich mit offenem Herzen seiner neuen Heimat angepasst hatte und sich dort nun heimisch fühlte, blieb Amon den alten Traditionen treu: Er hatte ein passendes Mädchen aus seiner Heimat geheiratet, das seine Eltern für ihn gewählt hatten und lebte mit ihr und den gemeinsamen drei Kindern in der Hauptstadt Milwaukee. Seine einzige Tochter Nilofar war zwei Jahre älter als Soraya. Die beiden älteren Söhne arbeiteten bereits im Familienbetrieb. Auch ihre Cousine, die nur so lange zur Schule gegangen war, wie das Gesetz es vorschrieb, würde nun bei ihrem Vater arbeiten.

Amon hielt nicht viel vom Schulsystem dieses Landes, das Werte vermittelte, die den seinen so fern lagen. Arbeit war wichtig, ehrlich verdientes Geld der Grundstein für ein gutes

Leben. Schule und Universität hielt er für Zeitverschwendung, einen Luxus, den sich die Kinder reicher Eltern vielleicht leisten mochten.

Das sollte nun ihre neue Familie werden. Bei ihnen sollte sie wohnen. Auch wenn ihre Gefühle im Moment gerade in einer Art Schockstarre verharrten, erkannte Soraya dennoch den dunklen Klumpen, der sich in ihrer Magengegend zusammenballte: Angst! Sie hatte so wenig mit dem Bruder ihres Vaters und dessen Familie gemeinsam! Sie sprachen nicht einmal die gleiche Sprache! Ihre Cousine und ihre Cousins sprachen Farsi mit den Eltern, denen das amerikanische Englisch fremd geblieben war. Und auch wenn Soraya Farsi weitestgehend beherrschte – ihr Vater hatte es ihr beigebracht, in dem er ihr von klein auf regelmäßig Unterricht darin gegeben hatte – so hatten sie beide im Alltag ausschließlich Englisch miteinander gesprochen. Für ihren Vater war das ein Tribut an das Land, das ihn aufgenommen hatte. Amons Kinder dagegen hatten Englisch erst zu Schulzeiten gelernt. Natürlich sprachen auch sie es mittlerweile fließend, doch der fremde Akzent blieb.

Und dorthin sollte sie nun ziehen, zu ihnen, nach Milwaukee, wo man, obwohl es nur zwei Autostunden entfernt lag, ihre Muttersprache nicht sprechen wollte. Gastlandstumm. Wegziehen, weit weg von allen Freunden, von allem, was sie kannte und liebte. Düster starrte Soraya vor sich hin, Hände und Gesichter zogen konturlos an ihr vorüber. Leben, das ohne sie stattfand.

Auf einmal zog sie jemand an seine Brust.

„Meine Kleine, es tut mir unendlich leid! So unendlich …"

Das Mädchen erwachte aus seinen Gedanken, erkannte die Stimme und die Arme, die sie so fest umschlossen.

„Frank!", flüsterte sie und obwohl sie dachte, alle Tränen geweint zu haben, bei seinem Anblick füllten sich ihre Augen erneut. Sie schmiegte sich fest an ihn.

Frank war der beste Freund ihres Vaters und fester Bestandteil ihres Lebens. Er gehörte zu den wenigen Menschen, die die innige Beziehung zwischen Vater und Tochter so akzeptierte, wie sie war, und sich nahtlos einfügte, ohne sich ausgeschlossen zu fühlen. Manchmal bekamen sie ihn monatelang nicht zu sehen, dann tourte er mit einer seiner Bands, die er betreute, durch Amerika und manchmal auch durch das Ausland. Doch wenn er Zeit in seiner Heimatstadt verbrachte, dann war er häufiger und gern gesehener Gast in ihrem Haus. Soraya liebte ihn wie einen Onkel, ja, mehr als den einzigen Onkel, den sie tatsächlich kannte!

„Es tut mir so leid, dass ich es erst jetzt geschafft habe zu kommen. Ich war in Europa. Ich habe den ersten Flieger genommen, um hier zu sein. Meine Kleine …"

Er drückte sie fest an sich.

Und er blieb an ihrer Seite, bis die Letzten der Trauergemeinde ihr Mitgefühl zum Ausdruck gebracht hatten.

„Und was passiert jetzt?", fragte Liz ängstlich, die ebenfalls nicht von ihrer Seite gewichen war.

Da trat Sorayas Onkel auf sie zu und sagte etwas auf Farsi. Sorayas Augen weiteten sich.

„Er möchte, dass wir zu uns nach Hause fahren. Ich soll meine Sachen bis heute Abend packen. Dann muss er zurück nach Milwaukee. Er kann das Geschäft nicht so lange allein lassen." Jetzt brannten wieder Tränen in ihren Augen. „Aber … aber, ich kann doch noch nicht … ich, ich bin noch gar nicht so weit!"

Ihre Stimme versagte. Liz starrte sie nur entsetzt an. Da trat Frank auf ihren Onkel zu.

„Guten Tag, Herr Mohammadi, ich bin Frank Steer, Elyars bester Freund. Vielleicht hat er schon einmal von mir erzählt?"

Er ergriff die Hand des Anderen, der ihn nicht gerade freundlich ansah. Tatsächlich hatte sein Bruder Elyar schon von seinem Freund erzählt, der in Amons Augen einen sehr zweifelhaften Beruf ausübte: Mit Musikern durch die Welt zu tingeln! Doch er erwiderte höflich den Händedruck.

„Ich möchte Ihnen zunächst mein tiefempfundenes Beileid aussprechen!" Frank machte eine kleine Pause. Der andere nickte knapp.

„Würden Sie, Herr Mohammadi, mir freundlichst erlauben, etwas vorzuschlagen?"

Frank wählte seine Worte mit Bedacht und mit ausgesuchter Höflichkeit. Er wusste von seinem Freund Elyar, dass dessen Familie in den Konventionen ihrer Kultur verhaftet war. Entsprechend musste das Oberhaupt der Familie hofiert werden. Und er sprach sehr langsam, denn er wusste ebenfalls, dass Amon das Englische nicht gut beherrschte. Amon nickte erneut. Frank holte tief Atem.

„Ich habe gerade gehört, dass Sie bereits heute Abend wieder den Heimweg antreten. Wie mir bekannt ist, führen Sie sehr erfolgreich ein Geschäft und es ist nur verständlich, dass Sie als Chef nicht lange abwesend sein können!"

Amon nickte geschmeichelt. Er war stolz auf das Matratzengeschäft, das er aufgebaut hatte.

„Mein persönlicher Eindruck als Außenstehender, der ich ja nicht zur Familie gehöre", Frank betonte dies, um dem anderen zu zeigen, dass ihm, Frank, sehr wohl bewusst war, dass es ihm eigentlich nicht zustand, sich in die ganze Angelegenheit einzumischen. Amon nahm es wohlwollend zur Kenntnis und Frank fuhr fort: „ist, dass Soraya noch etwas Zeit braucht, um … ihre Dinge hier zu ordnen!"

Amon runzelte die Stirn. Frank beeilte sich fortzufahren:

„Sie muss ja nicht nur ihre Koffer packen! Sie möchte sich von Freunden verabschieden, von Nachbarn, von Lehrern. Von Orten und von Erinnerungen. Und ich denke, wenn Sie mir das gestatten, dazu reicht die Zeit eines Nachmittags nicht. Zumal sie sich ja in einem Ausnahmezustand befindet.

Sie erlebt eine Situation, in der sie nicht so handeln kann, wie man das von einem normalen Menschen erwarten kann, sondern in der ihr Herz vor Trauer zerrissen wird."

Soraya hatte ihre Hand vertrauensvoll in seine gelegt und drückte sie nun, dankbar, dass Frank Worte für Dinge fand, die sie nicht einmal klar denken konnte.

Wenige Zeit später lag sie auf ihrem Bett und vergrub den Kopf in den Kissen. Dem Schlagabtausch zwischen Frank und ihrem Onkel hatte sie gar nicht mehr richtig folgen können. Natürlich war ihr Onkel zunächst abweisend gewesen, etwas anderes hätte Soraya auch nicht von ihm erwartet. Doch ihre Tante hatte sich vorsichtig eingemischt und darüber war das Mädchen sehr erstaunt gewesen, kannte sie die Frau doch nur als graue Maus im Hintergrund, die Haare versteckt unter ihrem Hijab und die Zunge im Zaum, wenn ihr Mann sprach. So wie es die Tradition vorschrieb. Auch Tante Sahar hatte ihre Worte vorsichtig gewählt und war sehr darauf bedacht gewesen, dass ihr Ehemann nicht das Gesicht verlor. Doch offensichtlich hatte ihr Mitleid mit ihrer Nichte gegenüber ihrer anerzogenen Zurückhaltung die Oberhand gewonnen.

Natürlich konnten sie Franks Angebot, mit Soraya noch ein paar Tage in der väterlichen Wohnung zusammen zu verbringen, auf keinen Fall annehmen! Das hätte nicht nur dem Ruf des jungen Mädchens geschadet, sondern auch dem ihrer Familie, die sich um eine verwaiste Familienangehörige zu kümmern hatte. Doch wenn sie, Sahar, mit ihrer Nichte noch ein paar Tage allein in Kewaunee verbringen würde, bevor man sie in den Schoss der Familie brachte nach Milwaukee brachte, konnte daran wohl niemand Anstoß nehmen. Und so stand Amon Soraya noch eine weitere Woche zu, die diese zum Abschiednehmen nutzen sollte. Danach würde er ein zweites Mal die Fahrt auf sich nehmen und Frau und Nichte nach Hause bringen.

Frank wurde es auch nicht gestattet, sich im Gästezimmer einzuquartieren, wo er schon zahlreiche Nächte verbracht hatte. Amon gefiel der Mann nicht. Nicht nur sein Beruf war es, der Amon störte. Sondern schlicht und ergreifend die Tatsache, dass er Amerikaner war und seinen Bruder so übermäßig für sich eingenommen hatte, dass dieser mehr Zeit mit ihm als mit seiner eigenen Familie verbringen wollte. Doch Frank war das einerlei. Er freute sich über Sahars Unterstützung und darüber, dass er Soraya wenigstens diesen kleinen Gefallen hatte tun können. Er hatte das Entsetzen auf ihrem Gesicht gesehen, als sie von der geplanten Abreise erfuhr, die ihr Onkel unerwartet früh angesetzt hatte. Und er hatte gehandelt, ohne viel nachzudenken. Dieser Wesenszug war Stärke und Schwäche zugleich: sehr oft folgte er spontan einem Impuls, seiner Intuition, wie er es selbst nannte. Und sehr oft führte das auch zu den großen Erfolgen, die er beruflich feierte. Doch manchmal schoss er auch ein wenig über das eigentliche Ziel hinaus, stieß mit seinen spontanen Handlungen bedächtigere Menschen vor den Kopf und musste dann mit deren Widerstand umgehen.

Jetzt hatte er Soraya ein bisschen Zeit verschafft. Zeit, die sie zum Abschiednehmen so dringend gebraucht hatte. Trauerzeit für eine fassungslose Seele. Sie ging nicht mehr zur Schule - aufgrund der besonderen Umstände und des in Kürze erfolgenden Umzuges war sie vom Unterricht befreit worden. Am Nachmittag traf sie sich mit ihren besten Freundinnen und saß die meiste Zeit mit ihnen in ihrem Zimmer. Die Vormittage dagegen verbrachte sie mit Frank, mit dem sie die Plätze besuchte, an denen sie mit ihrem Vater am glücklichsten gewesen war. Ihre Tante ließ sie großzügig gewähren, auch wenn es sich in ihrer Welt nicht schickte, dass ein junges Mädchen und ein unverheirateter Mann so viel Zeit miteinander verbrachten.

Sahar ahnte, dass Soraya das Ankommen in ihrer neuen Welt, die durch die Traditionen des Irans geprägt war, sehr schwerfallen würde. Doch sie wollte nicht schon jetzt, da das Mädchen frisch um ihren Vater trauerte, anfangen, Werte und Welt, wie das junge Mädchen sie kannte, neu zu ordnen. Das würde sie früh genug tun müssen! Sahar seufzte. Sie freute sich nicht auf diese Aufgabe. Und so ließ sie das Mädchen gewähren, wenn sie Frank von ihren gemeinsamen Streifzügen mit nach Hause brachte. Sie stellte ohne ein weiteres Wort einen dritten Teller auf den Tisch, wenn Soraya ihn zum Bleiben einlud. Die Tante mochte den Mann, der sich stets höflich und mit langsamem, klar artikuliertem Englisch mit ihr unterhielt und sich sogar bemühte, einige Brocken Farsi zu lernen.

Nachts konnte Soraya nur schlecht schlafen. Sie haderte mit Gott, der ihr den Vater genommen hatte. Ungerechter Weltenwacher! Sie versuchte, ihren Vater zumindest in ihren Träumen zu erreichen, was ihr fast nie gelang. Und sie sprach mit ihrem Schutzengel, ihrem guten Freund aus Kindertagen, dem sie immer hatte erzählen können, was sie auf ihrem Herzen hatte. Auch an ihm zweifelte sie mittlerweile, hatten nicht die Ereignisse der letzten Zeit bewiesen, dass es keine höhere Macht gab, die sie schützte? Und doch war sie so verzweifelt, fühlte sich so einsam und verspürte eine so große Angst vor der Zukunft, dass sie sich an diesem Abend demütig an ihn wandte:

„Ich weiß, ich war in letzter Zeit nicht gut mit dir! Ehrlich gesagt, zweifele ich immer noch und immer wieder daran, ob es dich gibt." Sie wollte ehrlich sein, ging sie sowieso davon aus, dass er, wenn es ihn gab, in ihre Seele blicken konnte.

„Doch ich brauche deine Hilfe! Ich möchte nicht weg von hier, ich möchte mein altes Leben weiterführen! Und ganz bestimmt möchte ich nicht zu Onkel Amon! Ich weiß einfach, dass das schrecklich wird! Bitte hilf' mir, dass ich nicht wegmuss. Mach', dass Frank sich um mich kümmert! Bei ihm fühle ich mich Papa am nächsten! Bitte!", flüsterte sie eindringlich.

Die Hände weiterhin voller Inbrunst gefaltet, rollte sie sich in ihrer Einschlafposition zusammen. Sie betete weiter und fast war ihr, als hätte sich etwas hinter sie gelegt und würde sie in den Arm nehmen. Als würde sie gehalten. Sie fühlte sich getröstet und schlief ein, und im Traum war ihr, als würde sie ihren Schutzengel singen hören …

Am nächsten Vormittag saßen Soraya und Frank auf ihrer Lieblingsbank am See. Das Laub färbte sich bereits herbstlich und die prächtigen Gelb- und Rottöne spiegelten sich im klaren Wasser.

„Warum kann ich nicht zu dir kommen?", fragte Soraya schon zum wiederholten Mal und legte ihren Kopf an seine Schulter.

Frank unterdrückte einen Seufzer. Er erinnerte sich, dass Elyar und er vor langer Zeit darüber gesprochen hatten, was wäre, wenn er, Elyar, unerwartet früh sterben müsste. Frank hatte den Gedanken mit einem Lachen abgetan, er sprach nicht gern über den Tod. Doch Elyar war ernst geblieben und hatte den Freund durchdringend angesehen:

„Kümmerst du dich um Soraya, wenn mir etwas passiert?"

Frank war unbehaglich auf dem Sofa hin- und hergerutscht.

„Natürlich werde ich für sie da sein, darauf kannst du dich verlassen!"

„Aber würdest du sie auch zu dir nehmen?" hatte Elyar gefragt.

„Aber ich bin doch immer auf der ganzen Welt unterwegs, das wäre doch kein Leben für ein Kind!", hatte Frank überfordert geantwortet.

Allein der Gedanke, die Verantwortung für ein Kind zu übernehmen, hatte ihn zutiefst verschreckt. Und er liebte seinen Beruf, den er für nichts in der Welt aufgeben wollte!

„Doch was für düstere Gedanken du heute hast, schenk' uns lieber noch etwas von diesem guten Tröpfchen nach, das du mir heute kredenzt!"

Etwas zu laut hatte er die unangenehme Situation überspielt und dabei vermieden, seinem Freund ins Gesicht zu blicken. Er konnte dessen Enttäuschung trotzdem spüren.

Und jetzt saß er hier mit einem Mädchen, das nicht mehr Kind und noch nicht Frau war, das ihm genau die gleiche Frage stellte, wie sein Freund. Ein Kind, das er, seitdem es auf der Welt war, tief in sein Herz geschlossen hatte, und das er in den letzten Tagen nur noch tiefer zu lieben gelernt hatte.

„Du weißt doch, Soraya, wie die Gesetze in Amerika sind! Dein Vater hat nichts Schriftliches hinterlassen, was mich zu deinem Vormund bestimmt!"

Etwas feige verschwieg er, dass er selbst daran vielleicht nicht unschuldig gewesen war. Doch er wollte dem jungen Mädchen nicht noch mehr Kummer bereiten.

„Und so kommst du automatisch zu deinen nächsten Verwandten, und das ist nun mal der Bruder deines Vaters mit seiner Familie! Ich glaube, du wirst es bei ihnen gut haben!" Er versuchte, überzeugend zu klingen.

„Deine Tante Sahar finde ich sehr nett!"

Er verschwieg wohlweislich, welchen Eindruck dagegen der Onkel auf ihn gemacht hatte. Frank mochte Probleme nicht. Er blendete sie gern aus. Er wusste das – und es war ein weiterer Grund, weshalb er sich für gänzlich ungeeignet hielt, Verantwortung für einen anderen Menschen zu übernehmen. Er hatte mit sich selbst schon genug zu tun.

„Aber ich möchte nicht mit ihnen nach Milwaukee!", begehrte Soraya auf. „Ja, Tante Sahar ist „nett". Aber sie leben völlig anders als wir! Ich weiß das, weil wir manchmal zu Besuch dort waren! Sahar und Nilofar tragen einen Hijab und sie werden sicher auch von mir verlangen, dass ich das tue. Nilofar darf sich nicht einfach so mit ihren Freundinnen verabreden, mit männlichen Freunden schon gleich gar nicht! Von Schulbildung halten sie nicht viel und sie schimpfen den ganzen Tag auf das Land, in dem sie leben! Ich möchte bei dir bleiben! Ich möchte hier leben und so weitermachen wie bisher. Und ich möchte, dass Papa ...", sie brachte den Satz nicht zu Ende, sondern brach stattdessen in Tränen aus.

Frank nahm sie fest in den Arm und wiegte sie liebevoll.

„Schschsch ...", flüsterte er beruhigend, doch fühlte er sich dabei völlig hilflos.

So verharrten sie eine Weile schweigend. Nur die Schluchzer eines verzweifelten Mädchens wurden über die stille, glatte Oberfläche eines geduldigen Sees getragen.

Als ihr Weinen verebbt war, setzte sie sich wieder aufrecht hin und putzte sich die Nase. Dann sah sie lange auf die schimmernde Oberfläche des tiefblauen Sees.

„Heute Nachmittag gehe ich zu Ben und verabschiede mich!"

Frank griff das Thema dankbar auf, froh, nicht mehr direkt mit ihrem Kummer konfrontiert zu werden, der ihm so sehr ans Herz griff.

„Das ist dein Gesangslehrer, nicht wahr?"

Soraya nickte.

„Ja, ich möchte ein letztes Mal bei ihm singen. Und er wollte mir zwei Adressen in Milwaukee geben, Studienkollegen von ihm, bei denen ich weiterhin Unterricht nehmen könnte."

„Darf ich dich begleiten oder möchtest du lieber allein gehen?", fragte Frank vorsichtig.

„Ich würde dich sehr gern einmal wieder singen hören, aber wenn du natürlich lieber allein ..."

Doch Soraya schüttelte den Kopf.

„Nein, du darfst gern mitkommen!" Dann dachte sie nach.

„Ob Onkel Amon mich wohl singen lässt?"

„Warum sollte er denn etwas dagegen haben, dass du singst?", fragte Frank erstaunt.

„Nein, ich meine, ob ich wohl weiter Gesangsunterricht nehmen darf!"

„Ich wüsste nicht, warum er das ablehnen sollte!", meinte Frank ehrlich und arglos.

Das Mädchen schüttelte so heftig den Kopf, dass ihre langen Locken nur so flogen.

„Du kennst meinen Onkel nicht! Solche Dinge, besondere Dinge wie Musik oder so, haben in seiner Welt keinen Platz. Zumindest nicht so, wie bisher in meiner! Außerdem …", sie überlegte kurz, bevor sie weitersprach, „ich weiß ja gar nicht, wieviel Geld Onkel Amon hat. Und ich weiß, dass diese Gesangsstunden teuer sind!"

Frank war erleichtert. Endlich etwas, bei dem er Abhilfe schaffen konnte.

„Das, liebe Soraya, soll nicht deine Sorge sein. Daran wird es nicht scheitern, das verspreche ich dir! Ich selbst werde mit Freuden deinen Unterricht bezahlen. Das ist das Mindeste, was ich für dich tun kann! Und ich freue mich schon auf dein Privatkonzert heute Nachmittag!", er zwinkerte ihr zu.

Soraya fiel dem Mann, der ihr so viel bedeutete, um den Hals.

„Wirklich, das würdest du tun? Danke, vielen Dank!", sie zögerte kurz. „Aber darf ich das annehmen?"

Frank strich ihr liebevoll über ihre wilde, dunkle Mähne.

„Das darfst du, Soraya, du musst es sogar. Es ist ein Geschenk, das von Herzen kommt!"

Am Nachmittag gingen Frank und Soraya Hand in Hand zu Ben, dem Gesangslehrer. Sahar runzelte die Stirn, als sie den beiden nachsah und schüttelte den Kopf bei dieser vertrauten Berührung. Diese Amerikaner, sie waren so anders als sie! Es wurde wirklich Zeit, Soraya ein paar Dinge zu erklären, und sie würde damit anfangen, sobald sie nach Milwaukee zurückgekehrt wären.

Ben empfing seine Schülerin und ihren Gast sehr herzlich. Er war traurig, dass er seine begabte, kleine Sängerin verlieren würde und noch trauriger, wenn er an den Verlust dachte, den sie erlitten hatte. Doch jetzt freute er sich, als er die beiden ins Musikzimmer bat.

„Wie schön, dass du einen Gast mitgebracht hast! Denn ich hatte mir für heute vorgenommen, dass du aus allen Stücken, die wir zusammen erarbeitet haben, diejenigen aussuchen darfst, die du am liebsten magst. Und dass ich dich jedes Lied singen lasse, ohne dich zu unterbrechen!"

Der junge Mann lachte seine kleine Schülerin an.

„Ich weiß doch genau, dass du es hasst, wenn ich dich nicht zu Ende singen lasse und dich ständig verbessere!"

Soraya errötete. Dann lächelte sie zurück. Ben hatte Recht. Sie mochte es wirklich nicht, ständig beim Singen „gestört" zu werden. Sie wusste, dass dies sein Abschiedsgeschenk war und freute sich darüber.

„Und Sie", Ben wies auf Frank, „vielleicht möchten Sie hier Platz nehmen?"

Er deutete auf einen Stuhl, der am Fenster stand.

„Und du, liebe Soraya, wirst heute nicht auf mich am Klavier schauen, sondern du gibst heute sozusagen dein erstes Solo-Konzert. Du singst für dein Publikum, also sieh` bitte deinem Gast in die Augen, wenn du für ihn singst! Denk daran, es geht nicht nur darum, die Töne richtig zu treffen, sondern deine Zuhörer zu erreichen!"

Er zwinkerte ihr zu und drehte sich dann zu Frank, der mittlerweile Platz genommen hatte.

„Meine Damen und Herren, heute erstmalig und nur für Sie, die einzigartige, stimmgewaltige und wundervolle …
Soraya!"

Frank klatschte und johlte begeistert. Das Mädchen drehte sich zu ihm um. Es nannte den ersten Titel und Ben schlug die Tasten an.

Sie hob den Kopf und begann zu singen. Ein wenig zaghaft klang ihre Stimme zunächst durch den Raum, gewann jedoch schnell an Festigkeit und Tiefe. Sie blickte Frank in die Augen, doch sie sang für ihren Vater! Sie sang mit jeder Faser ihres Seins, so als könnten Töne die Verbindung in eine andere Welt schaffen. Sang sie ein trauriges Lied, so floss in ihre Töne das ganze Universum ihrer Trauer. War das nächste Lied fröhlich, dann erfüllten sie die schönen Stunden, die sie mit dem geliebten Vater verbracht hatte. So sang sie, ohne Zeit und Raum, und jedes Gefühl, das sie jemals gefühlt hatte, begleitete die Noten und fand ihren Weg in die Herzen der beiden Zuhörer.

Sie sang sich durch ihre ganzen Lieblingslieder, sang von Liebe, von Tod, von Freiheit, sang in Sprachen, die Frank nicht kannte, doch deren Sinn er mit dem Herzen erfasste. Wie ihr Lehrer es ihr aufgetragen hatte, sang sie zum Publikum gewandt, einem einzelnen Mann mittleren Alters mit einem Lausbubengesicht, einem frechen, verwirbelten Blondschopf und einem großen Herzen. Das junge Mädchen schien ihm direkt in die Tiefe seines Innersten zu blicken, denn ihr Gesang fand seinen Weg dorthin und die Töne tropften wie heißes Magma auf die Haut seiner Seele. Es ist nicht leicht, eine dicke Schicht zu durchdringen, die Eigenschutz und Oberflächlichkeit zu einem festen, glatten Material gewoben haben. Doch an diesem Nachmittag fand jeder Ton seinen Weg und erschütterte den Mann, der viel gesehen und schon tausende von Liedern gehört hatte, bis ins Mark.

Auch Ben war tief bewegt, hatte er seine Schülerin doch niemals zuvor so singen gehört! Gewiss, sie hatte großes Talent, doch das, was sie heute von sich gab, wie sie da vor ihm stand, klein, schmal, mit langen schwarzen Locken, die ihre dunklen Augen einrahmten, das hatte er noch nie zuvor gehört! Fast außerirdisch schien ihm ihr Gesang, wie sie mit verklärtem Gesicht dastand. Sphärenklänge. Sie wirkte wie in

Trance, so als wäre sie nicht von dieser Welt. Es schien Ben fast so, als strahle sie ein besonderes Licht aus. Irritiert rieb er sich mit einer Hand die Augen.

Irgendwann war Stille. Die Lieder, die gesungen werden wollten, waren gesungen. Das Mädchen schien aus weiter Ferne zurückzukommen, zurück in den Raum, zu den beiden Männern, die sie anstarrten. Sie blinzelte die beiden verunsichert an. Keiner der beiden sagte etwas. Sie blickten sie nur an. Soraya war auf einmal verunsichert. Keiner von ihnen hatte bemerkt, dass die Nachmittagssonne den Stab an die Abendstunden weitergegeben hatte. Es dämmerte im Raum und jenes Leuchten, das Ben wahrzunehmen geglaubt hatte, war verschwunden.

„Hat es … dir gefallen?", fragte sie schüchtern und versuchte Franks Gesichtsausdruck in dem dämmrigen Musikzimmer zu erkennen.

Der Mann stand auf und ging auf sie zu.

„Mein Gott, Soraya, ich glaube, das war das Allerschönste, das ich in meinem ganzen Leben gehört habe! Du singst wie ein Engel!" Bewegt schloss er das erstaunte Mädchen in die Arme.

Die erste Zeit in ihrer neuen Familie lief nicht gut. Soraya musste sich ein Zimmer mit Nilofar teilen, das für diese allein schon nicht wirklich groß gewesen war. Und obwohl sich die Mädchen mochten, war keine von beiden davon begeistert, mit der anderen gemeinsam in diesem winzigen Zimmer zu leben. Schließlich waren sie es seit Jahren gewohnt, allein zu schlafen. Doch mehr Zimmer gab es in der geräumigen Wohnung nicht, die Soraya von nun an mit Onkel und Tante, der Cousine, den beiden Cousins sowie der Frau von Arash, dem Ältesten, teilte.

Es war anstrengend, keinen Rückzugsort zu haben, den sie doch eigentlich so dringend benötigte. In der Schule war sie auf sich allein gestellt. Es lief, wie es immer läuft, wenn man unfreiwillig aus seiner gewohnten Umgebung herausgerissen wird: das Ankommen ist schwer. Sorayas neue Klassenkameraden und -kameradinnen wirkten zwar nicht besonders furchteinflößend, doch sie empfingen die Neue auch nicht so, als hätten sie sehnsüchtig auf sie gewartet.

Sie fühlte sich einsam und auch der virtuelle Austausch mit Liz und ihren alten Freundinnen war kein echter Trost. Im Gegenteil, sie merkte, dass das Leben in Kewaunee einfach ohne sie weiterlief, und das traf sie tief.

Und wie sie schon befürchtet hatte, galten in dieser Familie ganz andere Regeln, als sie es gewohnt war. Sie hätte sich nicht einfach verabreden dürfen, ohne zu Hause die Erlaubnis dafür einzuholen. Nicht, dass sie schon neue Freundinnen gefunden hatte, die sie hätte treffen wollen, aber irgendwann würde es ja hoffentlich so weit sein. Und dann schien eine einfache Verabredung sehr viel komplizierter zu werden, als das früher der Fall war. Mit Jungs hätte sie gar nichts ausmachen dürfen.

Ihr Onkel hätte es auch gern gesehen, wenn sie wie Tante Sahar und Nilofar einen Hijab getragen hätte, doch hier hatte sie sich kategorisch geweigert. Bisher ließ man sie mit offenen Haaren zur Schule gehen und Soraya betete jeden Abend zu ihrem Schutzengel, dass dies auch so bleiben würde.

Doch bei einer Sache blieb der Onkel hart und die betraf ihren Gesangsunterricht. Sie hatte schon mit seinem Widerstand gerechnet, als sie fragte, ob sie mit den beiden Gesangslehrern, deren Adressen Ben ihr gegeben hatte, Kontakt aufnehmen dürfte. Dennoch sie war optimistisch gewesen, ihn davon überzeugen zu können! Doch fast ohne zu zögern schüttelte er den Kopf. Als sie daraufhin meinte, dass es wegen des Geldes kein Problem gäbe, da der Freund ihres Vaters für die Kosten aufkommen würde, wurde sein Gesicht noch finsterer.

„Auf keinen Fall nehmen wir Geld von diesem Streuner!"

Auf Farsi klang das Schimpfwort ziemlich heftig. Soraya erschrak und schluckte.

„Aber, wieso …?"

Ihre Tante zog sie zur Seite.

„Kind, dein Onkel hat entschieden, da gibt es keine Diskussion! Gib' ihr Zeit, Amon, sie muss sich erst einfinden!", meinte sie dann begütigend in Richtung ihres Mannes.

Soraya runzelte die Stirn. Sie wollte sich nicht den Mund verbieten lassen, doch ihre Tante zog sie energisch in die Küche.

„Aber…", ergriff das Mädchen erneut das Wort, doch ihre Tante fuhr sie ungewohnt barsch an:

„Schweig, es ist genug jetzt! Du bist gerade haarscharf an einer Ohrfeige vorbeigeschlittert!"

Das Mädchen riss die Augen auf. Noch nie in ihrem Leben war Soraya körperlich gezüchtigt worden! Sie schluckte.

„Aber ich wollte doch nur …"

Sahar legte den Finger auf die Lippen des Mädchens.

„Ich weiß, Kind, ich weiß! Doch in unserer Welt gelten die Wünsche von uns Frauen weniger als die der Männer!"

Frank saß in seinem Büro in New York. Sechs Wochen waren seit Elyars Beerdigung vergangen und es gab keinen Tag, an dem er nicht an seinen Freund oder dessen Tochter gedacht hatte. Er und Soraya hielten über WhatsApp Kontakt. Mit Besorgnis las er von den Veränderungen in ihrem Leben.

Der Nachmittag, an dem sie das kleine Konzert für ihn gegeben hatte, hatte ihn sehr aufgewühlt. Oft ertappte er sich bei dem Gedanken, sie in ein Flugzeug zu packen und zu ihm nach New York zu holen. Und dann? Er stellte sich diese Frage wohl zum hundertsten Male. Was dann? Mal angenommen, man würde ihm die Verantwortung für das junge Mädchen anvertrauen – was er selbst stark bezweifelte, nachdem er Amon kennengelernt hatte. Was sollte er mit ihm hier anfangen? Seine Wohnung war groß genug, das war nicht das Problem, aber sein Job? Mit dem war er doch ständig unterwegs, auf der Suche nach neuen Talenten, auf Tour mit Künstlern, die er unter Vertrag hatte. Er seufzte. Und wenn er ehrlich war, liebte er seinen Job. Doch das kleine Mädchen liebte er auch! Und zwar sehr! Vor allem, wenn Soraya ihm mit ihren großen, verträumten Augen mitten ins Herz blickte oder wenn sie sang, als wäre sie nicht von dieser Welt!

Sie würde in ein paar Monaten die Junior High abschließen. Und dann würde sie auf die High School gehen. Frank wusste, dass Elyar die Ausbildung seiner Tochter sehr am Herzen gelegen hatte. Und er wusste von ihr bereits, dass ihr Onkel andere Pläne mit ihr hatte, sobald sie keiner Schulpflicht mehr unterlag. In seinem kleinen Betrieb konnte er jede helfende Hand brauchen, die mit anpacken konnte. Und die ihn nicht viel kostete.

In diesem Moment meldete sein Handy eine Sprachnachricht. Soraya! Gedankenübertragung, lächelte er. Doch sein Lächeln verschwand, als er hörte, was sie ihm zu sagen hatte:

„… und will nicht, dass ich Gesangsunterricht nehme! Auch Gitarrenunterricht nicht, dabei bieten sie das in der Schule sogar ganz umsonst an! Ich habe gesagt, dass du bezahlen würdest, für das Singen meine ich, doch davon will er gar nichts hören! Er erklärt mir auch nicht die Gründe, es ist einfach so! Und Tante Sahar zieht mich aus der Schusslinie, damit ich keine Ohrfeige einfange!"

Frank horchte auf. Ohrfeige? Schon das mit dem Gesangsunterricht fand er furchtbar, aber dass jemand die Hand gegen Soraya heben würde, der Gedanke war ihm unerträglich. Sein Herz zog sich zusammen, als er ihre letzten Worte hörte.

„Und ich war so traurig, da habe ich ein Lied geschrieben. Also erst habe ich nur den Text aufgeschrieben, und dann habe ich irgendwie angefangen zu reimen. Und dann ist mir dazu eine Melodie eingefallen. Und weil es dir doch neulich so gefallen hat, wie ich singe, da dachte ich, dass du … also, vielleicht magst du auch dieses Lied hören! Ich habe eigentlich auch sonst keinen, dem ich das schicken kann. Meine alten Freunde fänden das bestimmt ein bisschen seltsam!"

Und schon ploppte die nächste Nachricht auf, vermutlich das Lied, das sie schon vorher als Sprachmemo aufgenommen hatte. So war es. Und obwohl die Qualität der Aufnahme sehr zu wünschen übrigließ, berührte ihn wieder die Reinheit der Töne. Doch dieses Mal war es vor allem die Klarheit der Worte, die sie fand, um ihren Seelenzustand zu beschreiben. Eine Sprache, die sein Inneres in Aufruhr versetzte.

„Nicht schlecht, wer ist das?"

Frank schrak hoch. Sein Chef Greg hatte sein Büro betreten, ohne dass er es bemerkt hatte.

„Ein neuer Schützling? Klingt sehr vielversprechend – obwohl die Qualität der Aufnahme eine ziemliche Katastrophe ist!"

Frank sah Greg verständnislos an.

„Nein, das ist meine … meine … du weißt schon, die Tochter von meinem Freund, auf dessen Beerdigung ich neulich gegangen bin!"

Greg nickte nachdenklich.

„Ok, aber, wow, eine tolle Stimme! Darf ich?"

Er deutete auf den Stuhl vor Franks Schreibtisch.

„Bitte!" lud dieser ihn mit einer Handbewegung ein, Platz zu nehmen.

Der große, übergewichtige Mann mit dem schütteren Haar nahm Platz und der Stuhl unter ihm ächzte beleidigt. Eigentlich hatte er etwas anderes mit seinem Mitarbeiter besprechen wollen, aber als er dessen abwesendes Gesicht bemerkte, änderte er sein Vorhaben.

„Frank, ist mit dir alles in Ordnung? Du scheinst mir in den letzten Wochen sehr verändert! Ist es der Tod deines

Freundes, der dir so zu schaffen macht? Entschuldige, wenn ich dich so direkt frage, du brauchst natürlich nicht darüber zu reden, wenn du nicht möchtest!"

Frank winkte ab. Er und Greg kannten sich seit so vielen Jahren und sie fühlten sich mittlerweile mehr als Freunde denn als Angestellter und Vorgesetzter. Vielleicht konnte Greg ihm einen Rat geben, denn die Nachricht, die er soeben von Soraya erhalten hatte, machte ihn sehr betroffen. Er fühlte geradezu einen übermächtigen Zwang, sie aus dieser Situation herauszuholen.

„Doch wie soll das gehen, ich mit einem jungen Mädchen? Mal ganz abgesehen davon, dass ich kein Sorgerecht für sie habe und ihr Onkel bei jeder Anfrage in diese Richtung vermutlich einen Säbel aus dem Gewand zieht, um mir mein ungläubiges Ohr abzuschneiden!"

Er begleitete den versuchten Scherz mit einer kläglichen Grimasse.

„Du könntest dir wirklich vorstellen, die volle Verantwortung für dieses junge Mädchen zu übernehmen?", fragte Greg ungläubig.

Wie oft hatte er seinen jüngeren Mitarbeiter um dessen Leben beneidet! Ihm flogen die Herzen der Frauen zu, wo er ging und stand, doch noch keine hatte es geschafft, in ihm die Lust auf Familie zu wecken. Er jettete um die Welt, er war in Krisen der Fels in der Brandung, er war zuverlässig, wenn es um seine Arbeit ging. Sein Privatleben dagegen nahm er deutlich lockerer, was sicher einige gebrochene Frauenherzen bestätigen würden. Und dieser Lebemann konnte sich ernsthaft vorstellen, einen Teenager, der noch dazu gerade seinen Vater verloren hatte, zu sich zu nehmen?

„Ja, ich finde es selbst irgendwie irre. Aber seitdem ich Kewaunee verlassen habe, eigentlich, wenn ich ehrlich bin, schon dort, reift dieser Gedanke und wird größer und größer und beherrscht mich inzwischen vollständig. Doch ich sehe keinen Weg, der dorthin führt …"

Soraya schrieb einen neuen Song. Ihre Cousine Nilofar hatte ihr im Vertrauen von einem jungen Mann erzählt, den sie natürlich nicht allein treffen durfte. Doch die Geschichte ihres Kennenlernens fand Soraya so rührend, dass sie es in ein Lied retten wollte. Sie brauchte Ablenkung. Sie kochte innerlich aus Wut auf ihren Onkel. Tante Sahars Warnung zum Trotz hatte sie noch zweimal das Gespräch mit ihm gesucht und prompt beide Male eine Ohrfeige kassiert. Sie hatte das Gefühl, dass ihre Wange davon heute noch brannte.

Doch der Schlag hatte sie auch in ihrem Innersten getroffen. Sie empfand die Demütigung, einen Schlag von jemand erhalten zu haben, der ihren wunderbaren Vater vertreten und sie eigentlich lieben sollte. Sie fühlte die Ungerechtigkeit, eine körperliche Strafe dafür zu erhalten, dass sie für etwas einstand, was sie sich von Herzen wünschte. Sie empfand Zorn darüber, dass man ihr keine Gründe nannte, sondern sie schweigend züchtigte. Auch darüber hatte sie bereits ein Lied geschrieben, das melancholisch und zugleich voller Wut war.

Einige Wochen später war ihr 15.ter Geburtstag. Frank hatte seinen Besuch angekündigt und sie freute sich sehr darüber. Weniger entspannt war sie, wenn sie an die Reaktion ihres Onkels dachte. Auch bei ihm hatte sich Frank offiziell angemeldet, um sicher sein zu können, dass man ihn zu Soraya ließ. Erfreut hatte Amon nicht ausgesehen, aber das war zu erwarten gewesen. Er hatte gemurrt, dass Frank kein Umgang für Soraya sei, aber er hatte den Besuch immerhin nicht untersagt. Es schien, als sah er dies als etwas an, das er seinem verstorbenen Bruder schuldete.

Am Geburtstagsmorgen sprang Soraya auf. Es war Samstag, sie hatte keine Schule und sie freute sich auf Frank, der sie um 10 Uhr abholen wollte. Nach dem Frühstück mit ihrer neuen

Familie, die ihr zwar gratulierte, sonst aber kein großes Gewese um ihren Geburtstag machte, stand er vor der Tür. Soraya fiel ihm um den Hals, und Frank umarmte sie fest. Er war bemüht, sich seinen Schrecken nicht anmerken zu lassen: das Mädchen war abgemagert, schlank konnte man das nicht mehr nennen! Sie war auch nach dem Tod ihres Vaters blass gewesen, doch nun hatte sie schwarze Ringe unter den Augen, die ihre Blässe noch verstärkten. Und er hatte kein kleines Mädchen mehr vor sich, sondern eine junge Frau! In den wenigen Monaten, die er sie jetzt nicht gesehen hatte, hatte sie ihre Kindheit mit einem Schlag hinter sich gelassen und wirkte nun ernst und erwachsen.

Er begrüßte ihre Familie und sie besprachen, wann er sie wieder abliefern würde. Da es sich in ihrer Welt nicht gehörte, dass ein junges Mädchen den ganzen Tag mit einem Mann verbrachte, war Nilofar dazu verdonnert worden, den beiden Gesellschaft zu leisten. Doch Soraya hatte sich darauf vorbereitet: Sie hatte ihrer Cousine das Lied, das sie für sie getextet und komponiert hatte, aufgenommen und ihr die kleine Datei zum Geschenk gemacht. Nilofar war sehr gerührt gewesen. Da war Soraya mit ihrer Bitte herausgerückt, mit Frank allein sein zu dürfen. Ihre Cousine, die sowieso keine Lust gehabt hatte, mit den beiden loszuziehen, nutzte die Gelegenheit, heimlich mit ihrer neuen Liebe ins Kino zu gehen. Sie vereinbarten, wo sie sich am Nachmittag treffen würden, um einträchtig zusammen nach Hause zu gehen.

Die beiden Mädchen klatschten sich ab und Nilofar verabschiedete sich von Frank. Der schmunzelte:

„Zum Glück hast du hier eine Verbündete! So, komm', worauf hast du Lust?"

Wenig später saßen sie in einem Café und Soraya packte ihr Geschenk aus. Die ganze Zeit hatte sie schon auf das unförmige Paket in Franks Hand geschielt, das offensichtlich nicht leicht zu tragen war. Als sie es auspackte, entfuhr ihr ein Freudenschrei:

„Eine E-Gitarre! Wie cool ist das denn! Boah! Oh, … die kostet doch ein Vermögen!" rief sie, der letzte Satz klang schuldbewusst.

Frank freute sich, dass sein Geschenk so viel Anklang gefunden hatte.

„Wenn jemand eine so wunderbare Stimme hat, wie Sie, Mylady, braucht er ein Instrument, das dieser Stimme würdig ist!", meinte er galant und beugte hoheitsvoll den Kopf.

Mit einem Juchzer fiel sie ihm um den Hals. Allein dieser eine Moment, in dem sie sichtlich alle ihre Sorgen vergaß, war jeden Cent wert, den er in die zugegebenermaßen nicht ganz günstige Gitarre gesteckt hatte.

„Ich war übrigens heimlich bei einem der beiden Gesangslehrer, die Ben mir empfohlen hat!"

Selbstbewusst warf Soraya ihr Haar zurück. Seitdem ihr Onkel ihren Wunsch, Gesangsunterricht zu nehmen, so rigoros abgelehnt hatte, war dieser nur mit jedem Tag stärker und inzwischen fast zur Besessenheit geworden. Das Singen gab ihr so viel Trost und Kraft und sie wusste, dass es das war, was sie tun wollte! Frank blinzelte ihr zu.

„Respekt! Ganz schön mutig! Und, was hat er gesagt?"

„Er würde mich sehr gern nehmen! Und für ihn wäre es ok, wenn ich ihm das Geld in bar mitbringen würde! Jetzt muss ich nur noch eine Möglichkeit finden, mich regelmäßig aus dem Haus zu stehlen. Irgendwas mit der Schule, da fällt mir schon noch was ein!"

Frank nickte anerkennend:

„Ich verstehe dich total! Ich find's toll, dass du das machst und hoffe, dass es dir gelingt! Es ist wirklich eine Schande, dass man dich nicht singen lassen will! Du weißt, meinen Segen hast du, und das Angebot mit dem Geld steht nach wie vor!"

Das Mädchen atmete erleichtert auf. Das hatte sie so sehr gehofft! Zum ersten Mal seit langem fühlte sie wieder Freude in sich aufsteigen.

„Danke! Vielen Dank! Auch noch mal für die Gitarre! Du weißt gar nicht, was mir das alles bedeutet!"

Es wurde ihr in diesem Moment selbst noch einmal ganz bewusst: Mit Frank gab es einen Menschen in ihrem Leben, der bedingungslos auf ihrer Seite stand und sie dabei unterstützte, den Weg zu gehen, den sie für sich gewählt hatte.

„Du, Soraya", fuhr Frank fort und seine Stimme wurde zögerlich.

Soraya sah ihn fragend und etwas ängstlich an. Wollte er einen Rückzieher machen? War ihm am Ende die finanzielle Belastung doch zu groß, die regelmäßige Gesangsstunden mit sich bringen würden? Doch es war etwas ganz anderes, das Frank zur Sprache brachte.

„Ich möchte dir noch ein Angebot machen, aber ich weiß nicht, ob es sich umsetzen lässt. Auf der anderen Seite kann ich es nicht ernsthaft angehen, wenn ich nicht ganz sicher weiß, ob du es auch willst!"

Das Mädchen runzelte die Stirn. Worauf wollte er hinaus?

„Du hast zuhause wiederholt gesagt, du würdest gern mit mir kommen und bei mir wohnen …", begann Frank vorsichtig.

Das junge Mädchen sah ihn mit ihren ausdrucksvollen, jetzt weit aufgerissenen Augen an. Sie nickte verwirrt.

„Damals hielt ich diesen Wunsch vor allem für einen Ausdruck deiner Angst vor dem Unbekannten. Du wusstest nicht genau, was auf dich zukam und hattest die Befürchtung, dass keine schönen Zeiten für dich heraufziehen würden. Leider sieht es so aus, als hättest du mit dieser Vorahnung ziemlich Recht behalten!" Er atmete tief durch.

„Für mich war es noch vor drei Monaten völlig unvorstellbar, die Verantwortung für einen jungen Menschen zu übernehmen. Ich sah mich dazu außer Stande. Ich, der ich mich nicht einmal auf eine Partnerin und eine eigene Familie festlegen wollte, sollte das Kind eines Freundes bei mir aufnehmen? Ich, dessen Beruf darin besteht, um die Welt zu jetten, sollte sesshaft werden? Und vor allem, wie sollte ich denn ein Kind bei mir aufnehmen, wenn dafür laut Gesetz eine ganz andere Familie vorgesehen ist?"

Fahrig fuhr er sich durch sein verstrubbeltes Haar. Das junge Mädchen hing angespannt an seinen Lippen. Worauf wollte er hinaus? Sie wusste dies doch alles!

„Doch dann war da dieser Nachmittag, an dem du dich so tief in mein Herz gesungen hast, dass ich dich seitdem nicht mehr herausreißen kann!"

Das Mädchen schluckte, während Frank fortfuhr:

„Seit diesem Nachmittag komme ich mir wie ein Verräter vor, der einen Lieblingsmenschen im Stich lässt! Ich empfinde nicht nur Verrat an der Freundschaft deines Vaters, sondern auch Verrat an dir selbst! Ich hatte das Gefühl, ich ließe dich ins offene Messer rennen, aber redete mir dabei gleichzeitig ein, dass es keine Alternative dazu gäbe. Und um ganz ehrlich zu sein: Ich weiß auch heute nicht, ob es die gibt! Und es täte mir leid, wenn ich dir eine Hoffnung mache, die ich dann vielleicht doch nicht erfüllen kann. Deshalb fällt es mir auch so unsagbar schwer, mit dir heute darüber zu sprechen! Ich habe Angst, ich zeige dir eine Zukunft auf, die ich dann doch nicht Wirklichkeit werden lassen kann!"

Er beugte sich nach vorn und nahm eine Hand des Mädchens liebevoll in seine beiden großen Männerhände.

„Doch ich möchte es wenigstens versucht haben, und deswegen muss ich dich heute fragen: Soraya, würdest du, wenn es mir irgendwie gelingt deinen Onkel zu überzeugen, also … könntest du dir vorstellen mit mir in New York zu leben? An einem Ort, weit weg von allem, was du kennst, weit weg von deinen alten Freunden und deiner neuen Familie? Aber wie du weißt, komme ich meine Eltern in meiner alten Heimat oft besuchen, also hättest du Gelegenheit, deine alten Freunde wiederzutreffen! Ich muss dir auch sagen, dass die Chancen nicht besonders groß sind, von deinem Onkel dafür die Zustimmung zu erhalten. Doch wenn du es willst, dann werde ich alles dafür tun, dass er Ja! sagt, das verspreche ich dir!"

Soraya sah ihn an, fassungslos, ungläubig. Dann löste sich eine dicke Träne aus ihrem Auge und lief ihre Wange hinunter. Frank sah sie erschrocken an. Doch da lächelte sie schon und flüsterte mit heiserer Stimme:

„Ich glaube, das ist das Schönste, was ich in den letzten Monaten, vielleicht sogar in meinem ganzen Leben gehört habe! Danke!"

Sie beugte sich zu seinen Händen, die die ihre noch umfasst hielten und drückte einen Kuss darauf. Frank zuckte verlegen zurück. Daraufhin rollten weitere Tränen über ihr Gesicht, das trotzdem strahlte.

„Wie ein Regenbogen", dachte Frank unwillkürlich, „ein Lächeln wie die Sonne und dazu die schweren Tropfen des Regens."

„Aber was ist mit deinem Beruf? Ich dachte, du musst immer um die Welt reisen? Was ist dann mit mir?"

„Ach, weißt du, das viele Reisen werde ich einem Jüngeren überlassen. Das wird nämlich auf Dauer ganz schön anstrengend! Und mein Chef meint auch, dass ich im Büro nützlicher sein könnte!"

Er verschwieg, wie viele Möglichkeiten Greg und er hatten hin- und herwälzen müssen, bis sich eine passable Lösung herauskristallisiert hatte. Sein Freund und Chef hatte sich als ungeheuer entgegenkommend erwiesen.

„Und dass du lieber nur für dich allein verantwortlich bist als für einen weiteren Menschen wie mich?", fragte das Mädchen.

„Das, meine liebe Soraya, hat sich spätestens seit dem Moment geändert, als ein Engel für mich gesungen hat!", lächelte Frank liebevoll. Dann wurde er ernst.

„Du wirst dich immer auf mich verlassen können, Soraya, immer! Das verspreche ich dir hoch und heilig! Alles andere würde mir dein Vater nie verzeihen! Und ich mir auch nicht!"

Die schwarzen, langen Locken des Mädchens streiften den Tisch, als es den Kopf zur Seite neigte und seine Wange auf ihre und seine Hände legte.

„Das wäre ein wunderbarer Traum! Doch eben nur ein Traum! Onkel Amon wird auf keinen Fall zustimmen!"

Traurig blieb ihr Köpfchen auf seinen großen Händen liegen.

„Ist das ein Ja? Ein ‚Ja' ich möchte gern bei dir leben, auch wenn du ein alter Sack bist?", versuchte Frank die Stimmung ein wenig aufzuhellen. Sie hob den Kopf.

„Natürlich würde ich das gern! Aber ich weiß, dass Onkel Amon ‚Nein'! sagen wird!"

Als sie am späten Nachmittag Nilofar eingesammelt hatten und gemeinsam nach Hause zurückkehrten, bat Frank Amon um eine Unterredung unter vier Augen. Soraya legte sich auf ihr Bett und knetete die Hände ineinander. Obwohl sie sich sicher war, dass ihr Onkel niemals ein Kind aus seiner Familie an einen für ihn Fremden weggeben würde und dabei das Gesetz auf seiner Seite hatte, betete sie mit aller Kraft zu ihrem Schutzengel. Wenn es ihn gab, dann würde er doch sicher alles daransetzen, das Beste für seine menschliche Schutzbefohlene herauszuschlagen! Es mochte eine Stunde vergangen sein, als Nilofar das gemeinsame Zimmer betrat.

„Soraya, du sollst zu Vater kommen!"

Als Soraya das Wohnzimmer betrat, saßen die beiden Männer um den Couchtisch herum und sahen sie ernst an. Frank blickte zu Amon, als bitte er um Erlaubnis, als Erster sprechen zu dürfen. Dieser nickte kurz, doch seine finsteren Augen ließen Sorayas Herz sinken.

„Soraya, ich habe dir vorhin davon nichts erzählt, weil ich erst die Meinung deines Onkels hören wollte, in dessen Obhut du gegeben wurdest und der für dich verantwortlich ist! Er wird entscheiden, was das Beste für dich ist!"

Amon nickte zufrieden, als er diese Worte hörte.

„Du hast mir neulich ein Lied geschickt, das du selbst geschrieben, komponiert und gesungen hast. Erinnerst du dich?"

Das Mädchen nickte, natürlich erinnerte es sich.

„Nun, ich habe es in einem Moment gehört, in dem ich mich in meinem Büro befand. Zufällig kam mein Chef in diesem Augenblick ins Zimmer. Und obwohl ich seit Jahrzehnten nichts anderes tue, als musikalische Talente zu finden und zu fördern, war er es, der mich auf deine außergewöhnliche Begabung aufmerksam machen musste. Ich kann das selbst nicht ganz begreifen, vielleicht warst du für mich einfach zu sehr deines Vaters Tochter und nicht ein junges Mädchen, dessen musikalisches Talent ich hinterfragen wollte!"

Bewusst hob Frank die Rolle seines Chefs dabei stärker hervor, als es der Wirklichkeit entsprach.

„Und mein Chef, Greg, möchte dir und deinem Onkel ein Angebot unterbreiten. Doch bevor ich darauf näher eingehe … Soraya, dein Onkel hat mir verraten, dass du noch nie zuhause für ihn gesungen hast!"

Er vermied es, auf jegliches Streitgespräch zu diesem Thema einzugehen. Tat so, als wüsste er nicht, wie oft sich Onkel und Nichte dazu bereits in die Haare gekommen waren.

„Daher ist er verständlicherweise ein wenig unsicher, ob du wirklich über das Talent verfügst, das Greg und auch ich in dir sehen! Würdest du uns die große Freude machen, deine Gitarre holen und dieses Lied für uns zu singen, das du mir neulich geschickt hast?"

Soraya hatte ihn wieder mit ihren großen, wundervollen Augen angesehen und sich dann fragend an ihren Onkel gewandt. Der nickte nur und meinte kurz angebunden:

„Geh' schon!"

Minuten später saß das Mädchen auf der Lehne des Sessels vor den beiden Männern und stimmte ihre Gitarre. Die Wohnzimmertür hatte sie einen Spalt offengelassen und im Flur sah man Nilofar, die heimlich ins Zimmer lugte. Soraya mit ihren schwarzen Haaren und den feinen Gesichtszügen sah ihrem Onkel fest in die Augen und begann zu singen. Amon verstand nicht alles, was sie sang, doch hörte er sehr wohl deutlich Kummer und Schmerz aus ihren Worten. Sein Herz war nicht aus Stein, es war nur festgefahren in alten Mustern und Traditionen. Der Gesang der jungen Frau vor ihm, auch wenn er anders war als die Musik, die er sonst zu hören pflegte, rührte ihn. Er sah seinen Bruder vor sich, dem er am Sterbebett versprochen hatte, gut für seine Tochter zu sorgen, wenn er, Elyar, nicht mehr war.

Und jetzt saß diese Tochter vor ihm und sang wie eine Heilige. Ihre Stimme war so klar, so einzigartig, dass Amon fast nicht glauben konnte, dass es Sorayas Stimme war, die er hörte. Ihr Kummer tropfte Note für Note in sein Herz, zeugte von ihrem Schmerz und schrie vor Hoffnung auf ein anderes Leben. Als sie geendet hatte, war es mucksmäuschenstill im Raum. Nach einiger Zeit räusperte sich ihr Onkel:

„Danke, Soraya. Lass` uns bitte allein!"

Verwirrt verließ sie den Raum und schloss die Tür hinter sich. Sie schrak zusammen, als ihre Cousine an sie herantrat und sie fest in die Arme nahm.

„Das war wunderschön! Ich weiß ja, dass du total schön singen kannst, aber heute hat ein Engel mit dir gesungen!"

Drei Monate später saß Soraya neben Frank im Flugzeug. Sie hatte die Junior High in Milwaukee beendet und würde die

High School in New York absolvieren. Das finanzielle Angebot, das Frank im Namen seines Chefs überbracht hatte, und die Darbietung, die Soraya im Wohnzimmer ihres Onkels geliefert hatte, hatten Amon überzeugt: Dass es einfacher war, das Mädchen, dass nie gelernt hatte, die Werte ihrer Tradition zu teilen, jemanden anzuvertrauen, in dessen Welt sie sich wohler fühlte. Dass Frank allem Anschein zum Trotz ein ehrenwerter Mann war, dem das Glück der Tochter seines besten Freundes am Herzen lag. Dass Amons Familie besser dran war, wenn die amerikanische Lebensart, die zusammen mit seiner Nichte schon einen Fuß über seine Schwelle gesetzt hatte, mit dieser weiterziehen würde. Dass Soraya sich verpflichtete, genau zu berichten, wie es ihr erging und ob man sie gut behandelte. Und ganz gewiss hatte es auch eine Rolle gespielt, dass sie einen Vertrag aufgesetzt hatten, in dem festgelegt wurde, dass 20 Prozent aller Einnahmen, die Soraya vor ihrem 18.ten Lebensjahr einspielen würde, Amon und seiner Familie zugutekommen würden. Als kleine Wiedergutmachung für die Bereitwilligkeit, das junge Mädchen bei sich aufzunehmen und sie zu ihrem Besten wieder ziehen zu lassen.

Soraya blickte aus dem Fenster und sah Milwaukee unter sich kleiner und kleiner werden. Die Tante hatte sie zum Abschied lange umarmt.

„Ein guter Geist ist mir dir, mein Mädchen!", hatte sie leise geflüstert. „Möge er dich auch in Zukunft behüten!"

„Und er hat wirklich erlaubt, dass ich bei dir wohne? Ein junges Mädchen unter dem Dach eines alten Sacks?", sie kicherte übermütig.

„Na, ich muss doch sehr bitten!", entgegnete Frank gespielt entrüstet. Dann wurde er nachdenklich.

„Ja, tatsächlich hatte ich das als die größte Hürde gesehen. Zuerst wollte er zumindest von diesem Teil der Vereinbarung auch nichts wissen. Die Ehre, und so, du weißt schon … Ich habe sogar angeboten, dich zu adoptieren, aber davon wollte er auch nichts wissen. Ich glaube, es war deine Tante, die sich für mich verbürgt hat. Ich weiß es nicht genau, es ist nur so ein Gefühl!"

„Aber meinst du nicht, sie könnten es sich noch einmal anders überlegen?", fragte Soraya besorgt, die ihr Glück immer noch nicht recht fassen konnte.

„Wenn sie merken, dass gar kein Geld kommt, weil ich gar kein großer Star werde, und dass alles nur ein Vorwand war, um mich aus ihren Fängen zu retten?"

„Wer sagt denn, dass das ein Vorwand war?" Frank drehte sich zu dem jungen Mädchen an seiner Seite.

„Natürlich hat sich dank deiner Begabung die wunderbare Möglichkeit ergeben, dich nach New York zu holen! Doch es ist jedes Wort wahr: Greg liebt deine Stimme und ist überzeugt, dass du eine große Künstlerin wirst. Deshalb wirst du intensiven Gesangsunterricht bekommen genauso wie Gitarrenstunden. Ob du ein weiteres Instrument lernen solltest, das können wir noch gemeinsam überlegen. Du wirst zur High School gehen, solange du dazu gesetzlich verpflichtet bist, und wenn es nach mir geht, auch darüber hinaus. Denn auch wenn ich nicht eine Sekunde an deinem Talent zweifle, so weiß ich auch, wie wichtig deinem Vater ein guter Abschluss war. Doch du wirst alles unter einen Hut bekommen, denn du wirst fleißig dafür arbeiten. Du wirst deine eigenen Lieder schreiben und komponieren dürfen!"

Das junge Mädchen sah ihn fassungslos an. Das war alles Ernst?! Kein Trick, um ihrem Wunsch nach einem selbstbestimmten Leben nachgehen zu können und ihre Hobbys pflegen zu dürfen? Sie sollte singen dürfen, wirklich und wahrhaftig singen! Ihr Herz schlug so laut, dass sie meinte, alle Mitreisenden müssten es hören!

„Äh … ich … ehm, brauche ich da einen Künstlernamen?",
von den tausend Gedanken, die ihr durch den Kopf schossen,
schaffte es dieser als erster auf die Zunge.

„Den hast du schon: Soraya. Was in der Sprache deines Onkels „Diadem des Himmels" heißt! Könnte es einen besseren
geben?" Er sah sie liebevoll an.

„Du sollst ganz einfach du bleiben und die beste Version
deiner selbst werden dürfen. Und ich traue mich, eine Wette
mit dir abzuschließen!"

Sie sah ihn an, unfähig weitere Worte zu finden.

„Ich wette mit dir, dass du heute in einem Jahr bereits dein
erstes Konzert für mindestens 500 Menschen gibst!"

Sie riss die Augen auf.

„Und ich sage dir, warum ich da so sicher bin: Weil du den
besten Manager der Welt hast!" Er lachte und klopfte sich
selbst dabei demonstrativ auf die Schulter.

Er sollte sich irren. Die Zahl ihrer Fans überstieg schon im
nächsten Jahr die Millionen! Und wie Soraya es mit ihrer wunderbaren Gabe schaffte, dass ihr die ganze Welt zuhörte, davon erzählt eine andere Geschichte.

Das Schattenleuchten der Silberfäden

Niam lebte in Kapstadt, Südafrika. Benannt wurde die Hauptstadt des Landes nach ihrer Lage am Kap der Guten Hoffnung. So hatten es die europäischen Seefahrer getauft, weil die Ankunft dort Anlass zur Hoffnung gab, dass man Indien mit seinen begehrten Luxusgütern wie Gewürzen und Seide nun bald erreicht hatte. Dass damit auch der Weg für die ersten weißen Siedler im Süden des afrikanischen Kontinents geebnet wurde, sollte sich für die Einheimischen später als weniger gut erweisen ...

Kapstadt war zu einer Metropole mit knapp fünf Millionen Einwohnern herangewachsen. Ein Moloch in schwarz-weiß. Hier lebte auch Niam mit seinen Eltern und dem Großvater in einer Gegend, in der hauptsächlich Menschen mit schwarzer Hautfarbe wohnten. Die besseren, reicheren Viertel waren immer noch mehr den Weißen vorbehalten.

Niams Vater war Busfahrer und seine Mutter arbeitete als Schneiderin in einer Textilfabrik. Sein Großvater Omphile war seit einigen Wochen im wohlverdienten Ruhestand. Er hatte zwangsweise dorthin verfrachtet werden müssen, so sehr war der leidenschaftliche Politiker mit seinem Beruf verheiratet gewesen. Doch der Körper des 75-Jährigen signalisierte dem alten Kämpfer, dass es jetzt Zeit war, Ruhe zu geben. Insbesondere sein Bein, Folge eines Unfalls in jungen Jahren, über den er nie sprach, beharrte auf Momente der Schonung. Omphile fiel es nicht leicht, seinen Beruf aufzugeben. Doch er versuchte stets, die Dinge von ihrer positiven Seite zu nehmen: jetzt verbrachte er eben mehr Zeit mit seinem geliebten Enkel!

Und so kam es, dass Niam und der frisch gebackene Rentner auf einer Bank vor ihrem kleinen Haus saßen und Eistee schlürften. Heiß war der Tag, doch die Bank stand immerhin im Schatten. Ab und zu versuchte ein sanftes Lüftchen zu den beiden durchzudringen, doch es scheiterte an flirrenden Hitzesäulen.

„Junge, ist das heute wieder heiß! Ich habe das Gefühl, das wird jeden Sommer heißer! Aber wahrscheinlich werde ich nur jedes Jahr älter und empfindlicher!" Der alte Mann grinste und sog zufrieden an seinem Getränk.

„Mir ist auch heiß, und ich bin erst zwölf! Also liegt's nicht am Alter! Hab' schon wieder ausgetrunken! Ich hol' mir noch einen, für dich auch, Käpt'n?"

„Aye, mit vielen Eiswürfeln bitte!"

Der drahtige Junge mit dem raspelkurzen Haar nahm die leeren Gläser und trabte in die Küche. Kurz darauf balancierte er vorsichtig zwei bis zum Rand gefüllte Gläser, in denen das Eis leise klirrte. Schweiß tropfte von seiner Stirn und zog kleine Bahnen über sein braunes Gesicht.

„Aber es WIRD ja auch jedes Jahr heißer!", griff der Junge das Gespräch von vorher wieder auf. „Das wissen wir ja! Du hast es den Leuten ja oft genug gesagt!"

Omphile nickte. Das hatte er tatsächlich! Viele Jahre war er in der Politik gewesen, hatte insbesondere für das Recht der Schwarzen gekämpft. Doch im Laufe der Jahrzehnte, als sich die Menschenrechte Stück für Stück verbessert hatten, war zusätzlich das Thema Umwelt auf seine Agenda gerutscht. Gerechtigkeit für sein Volk, Gerechtigkeit für die Natur. Gerechtigkeit bestimmte sein Leben!

„Ja, das habe ich wohl. Heute frage ich mich manchmal, ob das alles irgendetwas genützt hat!"

Nachdenklich blickte der Mann vor sich hin. Niam sah ihn verwundert an. Sein Großvater war zeit seines Lebens ein Kämpfer gewesen. Worte des Zweifels hörte man aus seinem Mund so gut wie nie. Zweifel, der Aktionen bremst.

„Hm, das kenne ich gar nicht von dir! Du hast doch immer gekämpft! Und nie gezweifelt!"

Der alte Mann nickte.

„Wie bist du eigentlich darauf gekommen? Wolltest du das als Kind schon? Politiker werden, meine ich?"

Der alte Mann zögerte mit der Antwort. Dann schüttelte er den Kopf.

„Nein, das kam erst viel später. Als ich die Ungerechtigkeiten gegenüber uns Schwarzen mehr und mehr zu spüren bekam. Da habe ich begonnen, mich innerlich dagegen aufzulehnen!"

Niam beugte sich interessiert vor. Sein Großvater erzählte nicht viel von der Vergangenheit, vielleicht würde er jetzt etwas mehr erfahren!

„Was für Ungerechtigkeiten zum Beispiel?"

Der alte Mann winkte ab und meinte vage:
„Das weißt du doch selbst, was den Schwarzen damals alles passiert ist! Es ist nicht schön, immer wieder in diesen dunklen Zeiten zu wühlen … Schau' lieber, wie gut wir es heute haben! Sitzen in der Sonne, schlabbern was Kühles und die Hitze kocht unser Gehirn langsam zu Brei." Omphile kicherte und rempelte seinem Enkel vergnügt in die Seite.

Niam verkniff sich einen Seufzer. Doch er gab nicht auf.

„Hat Oma auch gegen die Ungerechtigkeiten gekämpft?"

Ein Schatten huschte über das Gesicht des alten Mannes, dessen Gedanken in die Ferne glitten. Er nickte. Helles Schwarz gegen dunkles Weiß. Erinnerungen, die drücken. Dann meinte er mit heiserer Stimme:

„Es ist lange her …"

Niam spürte die Trauer des alten Mannes, als wäre es seine eigene. Dunkle Trauer in flirrender Hitze. Er wusste, dass seine Großmutter schon vor langer Zeit gestorben war, schon in jungen Jahren, als ihr gemeinsamer Sohn, Niams Vater Lubanzi, noch sehr klein gewesen war.

„Sie war schon nicht mehr da, als ihr nach Kapstadt gezogen seid, oder? Von Soweto seid ihr gekommen, richtig?"

Der Großvater nickte nur. Niam überlegte, dass er keine Fragen stellen sollte, auf die man nicken oder den Kopf schütteln konnte!

„Wie alt war Papa, als ihr hierhergezogen seid?"

Omphile dachte nach.

„Sieben oder acht vielleicht."

„Wie war das damals, als Vater allein mit einem kleinen Sohn?"

Der alte Mann lächelte wehmütig.

„Ein bisschen schmerzlich, weil Kiana, deine Großmutter, nicht mehr da war. Ein bisschen anstrengend, weil ich drei verschiedene Jobs hatte, um unser Essen und unsere Miete zu bezahlen. Ein bisschen traurig, weil ich Lubanzi oft nur sah, wenn er bereits zu Bett gegangen war. Und gleichzeitig war diese Zeit sehr schön, weil er und ich uns sehr liebhatten! Und das tun wir heute auch noch. Na, zumindest **ich** tue das!", er lächelte jetzt breiter.

„Und Papa liebt dich auch, das merkt man total!", bestätigte Niam und fragte dann weiter:

„Aber wie hast du das gemacht mit Papa, wenn du doch arbeiten warst? War er allein zuhause?"

Omphile schüttelte den Kopf.

„Nein, er war vormittags in der Schule und am Nachmittag haben Nachbarinnen auf ihn Acht gegeben. Für manche habe ich dafür einen Teil meines Lohnes abgezweigt, andere taten es einfach, weil sie gute Seelen waren. Wir Schwarzen haben damals sehr zusammen gehalten! Das mussten wir einfach tun, es war die einzige Chance zu überleben!"

Der Junge dachte über die Worte des Älteren nach. Dieser fuhr fort:

„Es war die Zeit der Apartheid - ein Wort, das, wie du weißt, für die unmenschliche Trennung von menschlichen Rassen steht. Eine Zeit, in der sich vier Millionen Weiße als Herren über 22 Millionen Schwarze aufschwangen. Politik und Gesetze regulierten einen Unrechtsstaat, in dem Schwarze nicht viel galten! Wir hatten froh darüber zu sein, wenn wir überhaupt Arbeit fanden! Dass die schlechte Entlohnung schlicht und ergreifend Ausbeutung war, war in den Augen der Weißen natürlich kein Problem! Denn sie profitierten von uns billigen Arbeitskräften und bauten ihr luxuriöses Leben auf dem Schweiß und den Tränen der Schwarzen!"

Omphile atmete tief durch. Seine Augen sprühten und man spürte die Kraft hinter seinen Worten. Niam konnte verstehen, warum so viele Schwarze an ihn geglaubt hatten. Schon bevor er in die Politik gegangen war! Von seinem Vater wusste er, dass sein Großvater aus sehr einfachen Verhältnissen stammte und sich sein ganzes Wissen selbst beigebracht hatte. Er hatte gesammelt, was er über Politik und Gesetze fand. Hatte sich weitergebildet, im Schein der flackernden Küchenlampe, nachts, wenn Lubanzi in seinem Zimmer schlief. Wissen für einen müden Mann, eine Abstellkammer für ein schlafendes Kind. Erschöpft vom Tag, aber frisch gerüstet mit Büchern, Zeitungen und anderen Texten hatte Omphile am Küchentisch stundenlang Informationen darüber gesucht, was in seinem Land wirklich geschah.

Niam wusste auch, dass sein Großvater niemals Gerüchten folgte, die gern innerhalb der schwarzen Gemeinde geteilt wurden. Die es immer gibt, wenn Menschen nicht wissen, aber Antworten suchen. Die lieber wilde Geschichten hören, statt sich mit offensichtlichen Tatsachen zu beschäftigen. Ein

Menschenübel weltweit, unabhängig von der Hautfarbe. Omphile wählte seine Quellen sehr sorgfältig, wissend, dass korrekte Informationen die Grundlage dafür waren, einen Staat zu verändern, der Unrecht predigte und eine Mehrheit an Menschen unterdrückte.

Er besuchte politische Versammlungen, Hand in Hand mit Lubanzi, der zwar nicht alles verstand, doch stolz auf seinen klugen Vater war. Dieser schrieb Briefe an Journalisten und Politiker, um Missstände anzuprangern. Er half seinen Mitmenschen mit Rat und Tat, wo immer er konnte. Seine Energie schien unerschöpflich, wenn es darum ging, für die Gerechtigkeit zu kämpfen. Nur für eine neue Frau in seinem Leben reichte seine Zeit nicht mehr. Kämpferherz mit treuer Seele.

„Aber irgendwann wurde es besser! Und dann wurde sogar ein Schwarzer zum Präsidenten gewählt!", trumpfte Niam auf. Das wusste er natürlich!

Sein Großvater nickte wieder.

„Das war früher einmal unvorstellbar gewesen! Die politischen Verhältnisse besserten sich in so winzigen Schritten, dass ich manchmal am liebsten alles hingeworfen hätte. Doch ich wollte nicht aufgeben, und der Tag, an dem Madiba Präsident wurde, war der größte Tag in meinem Leben! 27 Jahre hat er im Gefängnis verbracht, im Kampf um die Freiheit! Und dann wurde er Präsident!"

Omphile hatte den Kopf gehoben und blickte seinen Enkel an. Seine Augen leuchteten und es funkelte Kampfeslust in ihnen.

„Was für ein großartiger Mann!"

Der Junge nickte eifrig. Über Nelson Mandela wusste heute jedes Schulkind genauestens Bescheid.

„Eigentlich schade, dass du nicht mehr in der Politik bist! Du redest ganz schön gut!"

Der Alte grinste wieder.

„Und du fragst ganz schön gut! Bringst einen alten Mann dazu, wieder an die alten Zeiten zu denken!"

Niam dachte nach.

„Nee, eigentlich finde ich es doch besser, dass du nicht mehr arbeitest. Du liest eh noch genug. Aber so hast du mehr Zeit für mich, viiiiel mehr als meine Eltern!"

Omphile dachte an seinen Sohn. Lubanzi hatte schon in sehr jungen Jahren die Liebe seines Lebens gefunden. Das junge Paar hatte geheiratet und war in das hübsche, einfache Häuschen gezogen, in dem sie jetzt noch wohnten. Zusammen mit ihm, Omphile. Zu eng waren er und sein Sohn verbunden. Seine Schwiegertochter hatte verstanden, dass sie die beiden nur im Doppelpack bekommen würde und hatte, pragmatisch wie sie war, den Älteren gleich mit in ihr großes Herz geschlossen.

„Na, die beiden müssen halt Geld ranschleppen für unsere Eistees, Leichtmatrose!" Er zwinkerte seinem Enkel zu und klimperte auffordernd mit seinem leeren Glas.

„Ganz schönen Zug am Leib, Opa! Ich finde langsam, das grenzt an Ausbeutung, Kinderarbeit! Muss wohl mal die Öffentlichkeit über diesen Miststand … äh Missstand aufklären!"

Gespielt schwerfällig stand der Junge auf und schlürfte stöhnend ins Haus. Sein Großvater lachte.

Einige Wochen später hatte es angefangen. Omphile, nun seit drei Monaten im Ruhestand, hatte sich müde gefühlt, abgeschlagen, lustlos. Vor allem, wenn er allein zuhause war. Wenn Niam in der Schule oder mit seinen Freunden unterwegs war und er selbst die Tageszeitung bereits von vorne bis hinten durchgelesen hatte, saß der alte Mann allein in dem leeren Haus. Wusste nichts mit sich anzufangen. Kämpfer ohne Kampf. Früher waren seine Tage erfüllt gewesen, mit Arbeit, mit dem Kampf ums Überleben und dem Kampf für eine bessere Welt. Jetzt saß er zuhause herum und fühlte sich nutzlos. Sein Bein ließ ihn immer öfter im Stich und verweigerte ihm die anregende Flucht in die Außenwelt. Spaziergänge waren nicht mehr selbstverständlich, sein schmerzendes Bein bestimmte seinen Aktionsradius.

Freunde und Bekannte kamen immer seltener vorbei, um Rat oder Hilfe zu erbitten. Sie waren mit ihm gealtert und kannten ihre Lebensthemen, so dass sie den klugen Omphile nicht mehr brauchten. Auch die Menschen in seinem Bezirk, seine Wähler, für die er jahrelang Sprachrohr gewesen war, brauchten ihn nicht mehr, hatten neue Verfechter für ihre Kämpfe gefunden. Die Welt schien sich ohne ihn weiterzudrehen. Als wäre er ausgestiegen aus dem Bus des Lebens. So war er viel zu oft allein mit seinen Gedanken, in denen Schatten der Vergangenheit ihren Weg in den leer gewordenen Alltag des eigentlich so rührigen Mannes fanden. Das Bein schmerzte nun ständig und zwang ihn zu mehr Stillstand, als dem wachen Omphile guttat. Nun hatte ihn auch noch eine Krankheit aufs Bett geworfen, die seinen Körper schwächte und seinen Geist verdunkelte. Er scherzte nicht mehr mit seinem Enkel, sondern war mürrisch und schlecht gelaunt. Wesenszüge, bisher unbekannt.

So lag er an diesem Tag im Bett, als Niam aus der Schule kam. Leise ging dieser durch das Haus und sah traurig auf die verschlossene Schlafzimmertür seines Großvaters, dessen Zimmer neben dem seinen lag.

„Schade, ich hatte gehofft, es ginge ihm besser und wir könnten mal wieder zum Hafen gehen!", dachte Niam traurig, als er auf dem Fensterbrett seines Zimmers saß und auf die Straße blickte.

Die Hausaufgaben hatte er gemacht. Die Eltern waren arbeiten. Das war die Zeit, die er in den letzten Monaten so oft und so gern mit seinem Großvater verbracht hatte: sie hatten Schach gespielt, Backgammon oder Mühle, gelacht, Musik gehört, Fußball geschaut oder waren zum Hafen spaziert, wenn das Bein des Alten es erlaubte. Manchmal hatte der Großvater ihn zum Fußball begleitet, ihn lachend angefeuert, wenn er mit seinen Freunden um den Ball kämpfte. Omphile mochte das Spiel. Ein Ball, ein geschlossenes Rund, Schwarz und Weiß in wunderbarem Gleichgewicht.

Niam dachte darüber nach, wie sehr sich der alte Mann in den letzten Wochen verändert hatte.

„Irgendwie ist er gar nicht mehr da!", dachte Niam. „Sein Körper liegt nebenan im Bett, aber sein Geist, seine Worte und sein Lachen sind verstummt und er selbst ist … ja, einfach nicht mehr da!"

Niam ließ traurig den Kopf hängen. Dann sprach er sich selbst laut Mut zu:

„Aber er hat ja auch Schmerzen, wahrscheinlich liegt das nur daran! Und er ist krank! Morgen kommt er ins Krankenhaus, die machen ihn wieder gesund und dann hat er wieder Lust zu reden. Und zu lachen! Und dann hat er hoffentlich auch weniger Schmerzen!"

Das hatte ihm sein Vater am Morgen gesagt, dass sie Omphile am nächsten Tag im Krankenhaus vorstellen würden. Sein Hausarzt hatte bisher keinen Grund für die grundlegende Müdigkeit und die aktuelle Krankheit gefunden. Ein Virus, hatte er gemeint, und Schonung verordnet. Doch Lubanzi schien die Zeit zu lange, die sein Vater schon im Bett verbracht hatte. Deswegen hatte er einen Termin im Krankenhaus für ihn vereinbart.

Niam seufzte. Ob er einmal nach ihm sehen sollte? Doch im Moment verspürte er keine Lust, zum Großvater ins Zimmer zu gehen, der nur an die Decke starrte und stöhnte. Oder knurrte, dass er Schmerzen hätte. Und dass ihm ENDLICH mal jemand etwas zu trinken bringen solle! Zum Beispiel Niam, der sich ja den ganzen Tag nicht blicken ließ und lieber

Fußball spielen ging. Anstatt seinem Großvater mal ein Glas Wasser zu bringen. Das wäre ja wohl nicht zu viel verlangt!

Niam suchte den geliebten Großvater hinter diesen harschen, bitteren Worten vergebens! Die Lachfältchen schienen zu harten Runzeln eingetrocknet, die munteren Augen waren matt oder blitzten manchmal fast böse, seine Bewegungen waren fahrig und unwirsch. Fast fürchtete sich Niam davor, das Schlafzimmer des alten Mannes zu betreten, den er doch so sehr liebte!

Trübselig starrte er auf seine Kakteen, die neben ihm auf dem Fensterbrett standen. Wie gewöhnlich bei diesen Lichtverhältnissen nahm er einen mehrfachen, schwachen Schein um seine stacheligen Zimmergenossen wahr. Er liebte diese Buntschatten, wie er sie nannte. Bei jedem Menschen, jedem Tier, jeder Pflanze und sogar bei Gegenständen sah er sie, besonders in der Dämmerung. Sie bestanden aus verschiedenen Farbschichten und folgten den Umrissen ihres Besitzers. Niams eigener Buntschatten, den er im Spiegel sehen konnte, sah aus wie ein Junge. Nicht ganz genau in der Form, eher fließend und schimmernd. Und der Buntschatten der kleinen Pflanze neben ihm sah eben aus wie eine bunte, kleine Kaktuswolke.

Geistesabwesend strich der Junge mit seiner Hand durch die bunt-wabernden Schichten, die die kleine Stachelkugel umgaben und diese fingen an, seine Hand zu umtanzen. Müde lächelte das Kind, als es dabei an seine Eltern dachte. Niam hatte ihnen aufgeregt zu erklären versucht, dass er diese „Buntschatten" sah.

„Du hast wirklich eine lebhafte Phantasie, Schatz!", hatte Imani gesagt und abwesend gelächelt.

Er hatte genau gesehen, dass sie mit ihren Gedanken ganz woanders war.

„Mach' dich nicht so wichtig, Sohn", das war der Vater gewesen, der mit beiden Beinen im Leben stand und eher rational veranlagt war. Wenig Gefühl für einen Sohn mit bunten Hirngespinsten.

Nur der Großvater hatte ihn angelächelt, den Finger unauffällig auf die Lippen gelegt und ihm zugeblinzelt. Und als sie beide später allein waren, hatte ihm der alte Mann erzählt, dass er diese „Buntschatten" als Kind auch hatte sehen können - auch noch, als er ein junger Mann gewesen war. Nur später waren sie verloren gegangen, irgendwie …

„Das sind Auren! Jedes Wesen hat eine Aura und einige Menschen können sie sehen! Eine Aura zeigt, wie es seinem Besitzer geht! Ihre Farbe kann sich mit dem Gemütszustand der Person ändern. Eine Aura kann Verletzungen haben, was bedeutet, dass auch der dazugehörige Körper oder Geist Verletzungen hat. Es gibt Menschen, die andere gesund machen können, indem sie deren Aura heilen!"

Niam hatte interessiert gelauscht.

„Aber es kann nicht jeder Mensch Auren sehen, oder? Denn Mama und Papa …!?"

Der Alte hatte abgewunken und ihm zugezwinkert.

„Deine Eltern machen sich gerade sehr viel Gedanken. Sie sind sehr eingespannt in ihrem Alltag, sie müssen Geld verdienen, sie sorgen sich um dich und dann haben sie mich Alten ja auch noch an der Backe!"

Omphile hatte wieder einmal vergnügt gekichert.

„Wer sich vom Stress des Alltags einholen lässt, der verliert die Fähigkeit, mehr zu sehen, als das bloße Auge es tut!"

„Also könnten sie es sehen, wenn sie entspannt wären?"

Niam war immer schon hartnäckig gewesen, wenn er etwas genau wissen wollte.

Der Alte hatte geschmunzelt:

„Wenn sie es wirklich wollten und ein bisschen Anleitung bekämen, dann könnten sie es sehr wohl."

„Aber warum kann ich es denn einfach so, mir hat es doch auch keiner gezeigt?"

Niam hatte sein hübsches Jungengesicht in Falten gelegt, als er darüber nachdachte.

„Weißt du, mit diesen Dingen, die mehr umfassen als das, was der Verstand kennt, und das Auge sieht – und davon gibt es eine Menge, mein Junge, soviel kann ich dir schon mal sagen! – ist es wie beim Sport: Es ist eine Veranlagung! Einen Ball mit dem Fuß treten, das kann im Grunde jeder. Doch die einen haben daran Spaß und die anderen nicht. Die einen kennen nichts Schöneres, andere finden es doof und langweilig."

Niam hatte genickt. Das stimmte. Es gab in seiner Klasse Kinder, die Fußball mochten. Und andere taten es eben nicht. Omphile hatte weitergesprochen:

„Oft hat auch der Zeitgeist Einfluss darauf, ob man seiner Veranlagung oder Gabe nachgeht oder nicht. Wenn du das wieder mit dem Fußball vergleichst: früher haben bei uns nur die Jungs Fußball gespielt, die Mädchen haben manchmal ein bisschen mitgekickt, als sie klein waren, später dann in der Regel nicht mehr. Doch heute ist es normal, wenn Frauen Fußball spielen, ich möchte fast sagen „cool"! Modeerscheinungen, die es im Sport und eben auch bei diesen „besonderen Dingen" gibt."

„Aber diese „besonderen Dinge", wie du sie jetzt genannt hast, sind ja keine Sportarten, oder? Also kann man sie auch nicht trainieren!"

Der Alte hatte den Kopf gewiegt.

„Doch, das kann man schon! Es sind Gaben, potenzielle oder bereits vorhandene Fähigkeiten. Und manche Menschen haben eine größere Begabung als andere. Doch jeder, der seine Fähigkeiten trainiert, wird besser! Das gilt im Sport und das gilt genauso für die Dinge, die unser Verstand nicht greifen kann. Manche Menschen sind gut in Mathematik, andere im Sport und wieder andere haben eine dieser Gaben: Hellsehen, hellwissen, hellfühlen. Dinge erfassen, die andere nicht erkennen."

„Und was ist mit denen, die diese Gaben nicht von allein haben?", hatte Niam wissen wollen.

„Die müssten diese Fähigkeiten erlernen. So wie auch die weniger Begabten grundsätzlich Mathematik verstehen oder Sport treiben können, wenn sie es üben. Aber sie müssen es wollen."

Niam hatte nachdenklich ausgesehen und weitergefragt:

„Aber warum sollte jemand das nicht wollen? Findet das nicht jeder spannend zu lernen, wie man Dinge besser spüren oder vorhersagen kann?"

Der Großvater hatte ihm geantwortet:

„Ja, das möchte man meinen! Aber das ist eine Frage der Persönlichkeit: Manche schauen gern über den Tellerrand hinaus und lassen sich auf neue Welten ein. Und andere nicht. Vielleicht wissen sie gar nicht, dass es sie gibt. Oder sie probieren nicht gern Neues aus. Oder sie ahnen, dass ein Schritt in diese Welt in ihrem Inneren Dinge freilegen kann, die sie gern im Verborgenen halten. Dann sind es Ängste, die ihnen den Zutritt zu ihren Gaben verwehren!"

Niam hatte konzentriert zugehört.

„Finde ich ganz schön interessant, diese Gaben. Habe ich vorher noch nie gehört. Hellsehen schon, aber hellwissen oder hellfühlen?"

„Nun, diese Fähigkeiten liegen eng beieinander: Der eine sieht die Dinge bildlich vor seinem geistigen Auge. Andere hören oder fühlen bestimmte Ereignisse oder wissen etwas aus heiterem Himmel mit absoluter Gewissheit. Das alles hängt mit unserer Intuition zusammen, einer Gabe, die wir alle besitzen. Und manche lassen sich mehr auf sie ein als ihre Mitmenschen."

„Gibt es noch andere „besondere" Fähigkeiten?"

„Ja, die gibt es: Die Sprache der Geister sprechen. Über Gedanken kommunizieren. Mit den Händen heilen. Energien spüren. Auren sehen. Botschaften empfangen. Die Sprache der

Tiere verstehen. Es gibt vieles, wofür die Wissenschaft keine wirkliche Erklärung hat. Und das dennoch da ist."

„Und hat man die Gaben immer schon als Kind, oder kommen die eher später?"

Niam hatte den Worten seines Großvaters interessiert gelauscht. Jetzt konnte er seine Buntschatten besser einordnen!

„Oh, die hat man in der Regel schon oder gerade als Kind! Denn als Kind ist man seinem ursprünglichen Wesen noch sehr nahe. Kinder spüren und sehen Dinge, ohne sie zu beurteilen. Sie akzeptieren einfach. Bevor sie von den Erwachsenen lernen, dass nur existiert, was beweisbar ist."

Omphile hatte geseufzt.

„Oft sind es die eigenen Eltern, die besondere Gaben ihrer Kinder in das Reich der Phantasie verbannen. Wie deine liebe Mama. Und damit erreichen, dass das Kind über sich selbst den Kopf schüttelt, weil es einmal so kindisch war, bunte Energiefelder zu sehen! Und eine Gabe, die nicht gelebt wird, verkümmert. So wie ein Muskel, der nie trainiert wird. Und so verschwinden die Auren dann auch tatsächlich aus der Welt des Kindes. Es kann sie nicht mehr sehen, obwohl sie doch weiter existieren. Unsichtbar, in den Schatten verbannt."

Der alte Mann hatte ein wenig traurig gelächelt.

„Darum, Niam, lass' dir von deinen Eltern nichts ein- oder ausreden! Erzähle nicht mehr von deinen Buntschatten, wenn sie kein Ohr und kein Herz dafür haben! Doch höre nie auf, an deine Fähigkeit zu glauben, nur weil ein anderer sie nicht hat oder versteht! Irgendwann wirst du die Gelegenheit bekommen, deine Fähigkeiten zu erweitern. Wenn du das möchtest. Doch nicht mehr an sie zu glauben, sie zu vernachlässigen und sie deswegen verkümmern zu lassen, das wäre sehr schade, oder? Jede Gabe bereichert ein Leben! Das wäre so, als würde dir auf einmal jemand einreden, dass du völlig unfähig bist, Fußball zu spielen. Und du deswegen nicht mehr spielen würdest. Daher lasse dir nie wegnehmen, woran du mit dem Herzen glaubst!"

Der Junge hatte lange nachgedacht und dann genickt.

„Verstehe. Meine Buntschatten sind völlig ok, auch wenn Mama und Papa sie nicht sehen. Ich mag sie auch wirklich, also die Buntschatten. Mama und Papa auch," fügte Niam schnell hinzu und grinste dann. „Auch wenn sie die Welt offensichtlich nicht so schön in Farbe sehen wie ich!"

„Sehr gut, mein Junge!" hatte sich Omphile gefreut und war seinem Enkel durch die stoppeligen Haare gefahren. „Das ist die richtige Einstellung! Lass' die anderen sein wie sie sind und bleibe dir einfach treu! So, Ende der Fragestunde!"

„Nein, eine habe ich noch! Ist das bei dir auch so gewesen? Hat man dir das als Kind ausgeredet, und hast du deswegen die Buntschatten nicht mehr gesehen?"

Omphile hatte den Kopf geschüttelt.

„Nein, Niam. Ich habe als Kind meiner Wahrnehmung getraut und bin ihr lange treu geblieben. Ich war schon ein Mann, als ich diese Fähigkeit verlor. Es war das Leben, das sie mir geraubt hat. Manchmal bringen Krisen neue Fähigkeiten in einem hervor. Aber sie können bestehende auch auslöschen! Ein Unglück, das grau macht, was vorher bunt war. Doch darüber möchte ich jetzt nicht sprechen."

Gedankenverloren hatte er in die Ferne gestarrt.

Niam erinnerte sich sehr gut an dieses Gespräch. Er liebte seinen Großvater so sehr, weil er ihn, Niam, immer ernst nahm. Er erklärte ihm die Welt auf ganz besondere Weise. Also hatte er damit weitergemacht, mit dem Sehen der Auren, die er lieber Buntschatten nannte. Seine Gabe, sein Name! Er hatte sich nicht angepasst an das, was seine Eltern für normal hielten. Niam hatte einfach nicht mehr darüber gesprochen. Doch er hatte sich nicht dagegen gewehrt, die Buntschatten weiterhin zu sehen. Er wollte seine Gabe nicht verlieren, er mochte seine Buntschatten! Sie schadeten niemandem, sahen hübsch aus und manchmal verrieten sie ihm etwas über sein Gegenüber. Seine Eltern dachten schon lange nicht mehr an das, was das Kind angeblich gesehen hatte.

Und dieser Großvater, der ihm die Welt erklärte, dieser wichtige Halt in seinem Leben, entglitt ihm gerade mehr und mehr. Das spürte der Junge und fühlte große Angst um den geliebten alten Mann. Er vermisste den Menschen, der Omphile früher gewesen war. Der Großvater, der immer für ihn da gewesen war, der Rat wusste, der Liebe schenkte. Niam fühlte sich einsam. Vor Angst und Trauer schmerzte sein Bauch, jeden Tag. Seine Brust zog sich manchmal so fest zusammen, dass er kaum noch Luft bekam.

Am nächsten Tage kam der Alte zur Untersuchung ins Krankenhaus. Man behielt ihn für ein paar Tage dort und checkte ihn gründlich durch. Drei Tage später holten ihn Lubanzi und Imani zurück nach Hause. Niam wartete schon aufgeregt: er hatte ein buntes Schild gemalt und an die Tür gehängt, auf dem „Willkommen" stand. Jeden einzelnen Buchstaben hatte er liebevoll in bunten Farben ausgemalt. Auf dem Tisch stand eine Vase mit frischen Blumen, die er selbst gepflückt hatte. Der Großvater liebte Blumen!

Doch Omphile murmelte nur einen kurzen Gruß, und stützte sich schwer auf seinen Sohn, als er die Treppe hoch zu seinem Schlafzimmer ging. Kein Wort zum gemalten Schild, kein Lächeln über die schönen Blüten. Was am schlimmsten war: Sein Gesicht war grau, grau und aschfahl.

Dem Jungen stiegen Tränen in die Augen, als sich seine Mutter neben ihn setzte. Er wollte nicht hören, was sie zu sagen hatte. Sein Herz flatterte wie ein eingesperrter Vogel. Ihm war, als griffe eine eiserne Faust danach und drückte es fest zusammen.

„Mutter, was ist mit Großvater?", hörte er sich fragen, obwohl er die Antwort doch gar nicht hören wollte. Er wusste einfach, dass es schlechte Nachrichten waren.

Seine Mutter war eine schöne Frau. Ihre langen, schwarzen Rastalocken umgaben ihren schmalen Körper wie ein Vorhang aus dunklen Strahlen. Ihre sonst meist vergnügten, goldbraunen Augen sahen jetzt aus wie zwei trübe Tümpel. So gründlich die Augen ihres Sohnes auch jetzt darin forschten, sie fanden kein Leuchten mehr darin.

„Niam, liebes Kind ... die Ärzte haben deinen Großvater sehr genau untersucht. Sie wissen jetzt, was ihm fehlt."

Sie atmete tief durch und machte eine lange Pause.

„Oh, das ist doch schon mal gut, oder?", fragte der Junge hoffnungsvoll.

„Wenn man weiß, was es ist, kann man doch auch etwas dagegen tun!"

Noch immer schwieg die Mutter und sah ihren Sohn traurig an. Aus dem ersten Stock drangen ein Poltern und ein Stöhnen, als Lubanzi dem Alten ins Bett half.

Endlich beendete die Mutter ihr Schweigen und erwiderte:

„Es gibt Krankheiten, gegen die man nicht viel tun kann. Und so eine Krankheit hat dein Großvater. Es ist Krebs."

Niam stockte der Atem. Er wusste nicht genau, was diese Krankheit machte. Doch er wusste, dass Menschen und auch Tiere, die an dieser Krankheit litten, sehr oft daran starben.

Die Faust um sein Herz drückte und rüttelte entsetzlich in seiner Brust und sein Atem ging schneller und schneller. Seine Mutter nahm ihn in den Arm.

„Es tut mir furchtbar leid, mein Kind. Ich weiß, wie lieb du deinen Großvater hast! Auch ich habe ihn lieb und hätte mir noch viele Jahre mit ihm zusammen gewünscht. Doch irgendjemand da oben hat es anders beschlossen. Die Ärzte sagen, es gibt keine Hoffnung mehr. Und so können wir nichts tun, als ihm die Wochen, die er noch bei uns sein darf, so schön es irgend geht zu machen!"

Niam sah seine Mutter ungläubig an. Hatte er richtig verstanden? Nur noch WOCHEN und dann würde sein Großvater … Nein, diesen Gedanken konnte er nicht denken, sein geliebter Großvater würde … in ein paar Wochen … er würde nie mehr mit ihm … ein paar Wochen …!

Immer schneller drehten sich die Gedanken in seinem Kopf, bis sich ein riesiger Schluchzer seinen Weg brach. Wie ein Stausee, bei dem der Damm bricht, bahnten sich Tränenfluten ihren Weg über das unglückliche Kindergesicht. Verzweifelt warf sich der Junge in die Arme seiner Mutter, die ihn hilflos streichelte.

Später am Nachmittag, als wieder die Dämmerung und mit ihr die Buntschatten Einzug hielten, fasste sich Niam ein Herz und schlich ins Zimmer des alten Mannes.

„Großvater!", flüsterte er, „ich bin es, dein Leichtmatrose!"

Das war ihr kleines Spiel gewesen, früher, als er noch jünger gewesen war. Sie beide, die Schiffe so sehr liebten, waren hunderte von Malen an den Hafen spaziert, um in Gedanken mit den Schiffen um die weite Welt zu fahren. Omphile war der Kapitän und er sein Leichtmatrose.

Doch dieses Mal ging der Alte nicht auf das Spiel ein. Er lag stumm in seinem Bett, der Atem ging schwer. Zum ersten Mal seit Wochen sah Niam wieder die Buntschatten seines Großvaters. Sonst strahlten sie in wunderbaren Farben, denen des Regenbogens gleichend. Nur um sein verletztes Bein herum nicht, da sah Niam für gewöhnlich Dellen mit dunklen Flecken, die diese wunderbare Farbenpracht störten. Und jetzt sah er neue, tiefschwarze Flecken direkt über dem Bauch des liegenden Mannes vor ihm. Entsetzt starrte er das dunkle Gebilde an. Das musste der Krebs sein! Aber woher kam dieser denn so plötzlich? Noch vor wenigen Wochen war er noch nicht da gewesen! Das war der grausame Feind, der ihm den geliebten Großvater entreißen würde! Die Augen des Jungen schwammen in Tränen und sein Blick verlor sich in diesem schwarzen Luftgeschwür, das gierig Leben fraß.

Die Trauer überfiel ihn mit aller Macht, rollte durch seinen ganzen Körper, rüttelte ihn durch und durch, raubte die Luft zum Atmen.

Da nahm er auf einmal etwas wahr, das er vorher noch nie gesehen hatte! Ein Blinken und Glänzen, das in der Luft auftauchte und wieder verschwand! Erst glaubte er an eine optische Täuschung und er rieb sich die Tränen aus den Augen, um noch einmal genauer hinzusehen. Und dann konnte er es ganz klar erkennen: alles im Zimmer schimmerte silbern! Tausende und Abertausende von glitzernden Fäden, die er gleichzeitig ahnte und sah. Eine ganz neue Art der Wahrnehmung! Und diese Fäden, sie verbanden alles miteinander!

Der Junge starrte verwundert auf seine Hände: Auch aus den Buntschatten seiner Hände flossen diese Fäden, gingen zum Stuhl, zur Tür, zu Großvaters Zimmerpflanze, zum Bücherregal. Alles schien ineinander überzugehen, Buntschatten und Silberfäden, alles war mit allem verbunden. Bis auf …
Niams Augen wurden groß, als er erkannte, was NICHT in dieses silberne Geflecht eingebunden war: Der Großvater! Seine Buntschatten lagen flach und farblos um ihn herum, kaum ein Faden schien ihn mit dem silbernen Universum um ihn herum zu verbinden.

„Großvater, du bist nicht verbunden!", flüsterte das Kind.
Der alte Mann drehte ihm den Kopf zu.

„Was sagst du da, Junge?", krächzte er mit heiserer Stimme.
Niam räusperte sich und wiederholte noch einmal:

„Du bist nicht verbunden! Deine Aura ist dunkel, fast schwarz! Du musst dich wieder verbinden, dann wirst du wieder gesund!"

Er wusste nicht, woher diese Worte genau kamen. Sie stiegen einfach in ihm auf. Er wusste es einfach. Der alte Mann versuchte zu lächeln.

„Kleiner Niam, deine Mutter wird dir erzählt haben, was die Ärzte meinen. Ich bin nicht mehr lange da und ich weiß, wie sehr dich das schmerzt. Und das tut mir unendlich leid. Aber meine Zeit ist um, ich muss nun gehen, es besteht keine Hoffnung mehr."

Erschöpft schloss er die Augen. Er sprach sehr langsam, mit heiserer Stimme, und nach diesen Worten schluckte er mühsam.

„Sagt wer?", begehrte Niam auf und fuhr sich durch seine Haarstoppeln. Seine dunklen Augen funkelten kämpferisch.

„Wer sagt, dass keine Hoffnung besteht? Die Ärzte wissen auch nicht alles!"

Der alte Mann lächelte seinen Enkel liebevoll an:

„Du hast so viel Weisheit in dir, mein kleiner Leichtmatrose."

Niams Herz wurde für einen Moment leichter. Da war der geliebte Großvater wieder und nicht mehr der grimmige alte Mann, der er in den letzten Wochen gewesen war.

Der Ältere fuhr fort:

„Weißt du, wie lieb ich dich habe?"

Als er so sprach, schossen dem Kind Tränen in die Augen. Doch noch etwas geschah, etwas Merkwürdiges: Niam sah, wie bei den Worten des Großvaters neue Silberfäden über dem Krankenbett wuchsen. Sie entsprangen den Buntschatten des Großvaters und erleuchteten die matten Farben ein wenig.

„Ja, Großvater, das weiß ich! Sprich' bitte weiter!", bat der Junge unter Tränen und hielt seine Aufmerksamkeit auf den Buntschatten gerichtet.

„Du, mein liebes Kind, bist der Hauptgrund, warum ich diese Erde nicht verlassen möchte!"

Der alte Mann tat sich schwer beim Sprechen. Er presste eine Hand auf seinen Bauch und verzog schmerzerfüllt das Gesicht.

Dem Kind liefen die Tränen über die Wangen. Zugleich beobachtete es aufmerksam, wie sich aus dem Raum Silberfäden auf die neu entstandenen, silbrigen Gebilde zubewegten, die in den Buntschatten des Alten entstanden waren.

„Weiter, Käpt'n, weiter!", flüsterte er atemlos.

„Die Zeit, die ich mit dir verbringen durfte, war mein Lebenselixir. Du hast mich und meine Gedanken jung gehalten."

Weitere Silberfäden wanden sich in die gräulichen Buntschatten des Alten.

„Rede weiter, Großvater!" bat der Junge aufgeregt.

„Ich danke dir für die wunderbaren Stunden, die ich mit dir zusammen sein durfte! So gern würde ich dir noch einmal beim Fußballspielen zusehen!", der alte Mann seufzte tief.

Weitere Silberfäden drangen in die Buntschatten des Großvaters, verbanden sich mit den neu Gebildeten. Die Aura des alten Mannes, der so viel gekämpft hatte, schien mit jedem neuen Faden größer und heller zu werden.

„Es gab nur wenige Menschen in meinem Leben, die ich so sehr wie dich geliebt habe: Deinen Vater, deine Großmutter und …" Er verstummte wieder und hustete.

Ein neues Bündel Silberfäden schoss in die Buntschatten des Großvaters, der auf einmal wieder freier atmen konnte, als befreie ihn das frische Silber um ihn herum.

„Bitte, lieber Großvater, erzähle mir mehr von ihr!"

Niam erkannte, dass durch die schönen Erinnerungen neue Silberfäden in der Aura des Großvaters entstanden. Und er spürte, dass dies ihm helfen könnte.

„Du hast nie von ihr gesprochen!"

Omphile nickte langsam.

„Es hätte mir zu weh getan. Ich habe sie fest in eine Kammer meines Herzens gesperrt, wo nur ich sie besuchen konnte. Sie für andere herauszuholen, hätte ich nicht ertragen!"

Die Stimme des alten Mannes wurde wieder heiser. Man merkte, wie sehr ihn das Sprechen anstrengte. Doch jetzt erzählte er, erzählte von seiner geliebten Frau. Wie wunderbar sie gewesen war. Wie sie mit ihm gelacht hatte. Wie wundervoll sie singen konnte, in einer Zeit, wo den Menschen gar nicht nach Singen zumute war. Sogar ihr Name war Gesang, Kiana, die Singende. Wie sie zu jedermann liebevoll und hilfsbereit gewesen war. Wie viele Menschen ihr unfassbar großes Herz in ihre Liebe eingeschlossen hatte. Wie glücklich er gewesen war, dass er diese wunderbare Frau für sich gewonnen hatte. Von ihrer gemeinsamen Zeit, zu zweit. Danach kam das Kind.

Für einen kurzen Moment war Niam, als glitte ein dunkler Schatten über das Gesicht des alten Mannes, Silberfäden zuckten unschlüssig, lauernd. Doch Omphile verjagte die Schatten mit einem unwilligen Kopfschütteln. Er schien sich wieder zu fangen und sprach weiter:

„Als dein Vater zur Welt kam, war unser Glück vollkommen. Auch ihn habe ich sofort geliebt! Obwohl er nicht der Typ für Buntschatten ist." Er lächelte ganz leise.

„Er ist ein wundervoller Sohn!"

Die Augen des Mannes, der im Bett lag und von seinen Liebsten sprach, leuchteten. Und mit ihnen schimmerten auch seine Buntschatten wieder, die sich aus einem müden Schlaf erhoben, sich reckten und wieder ausdehnten.

„Doch dann passierte etwas, dass mir nicht nur meine „Buntschatten", wie du sie nennst, Niam, sondern auch meine Gesundheit nahm! Seit diesem Moment war nichts mehr wie vorher."

Die Augen des Großvaters verfinsterten sich und mit ihnen auch die Buntschatten, die ihn umgaben. Einige der frisch gebildeten, silbernen Verbindungen lösten sich auf, und zuckende Silberschlangen zogen sich blitzartig zurück.

„Doch ich habe ein neues Lebensglück gefunden, in meiner großen Liebe zu deinem Vater und in meinem Kampf gegen das Unrecht! Aber jetzt bin ich zu alt zum Kämpfen und die Dämonen der Vergangenheit kommen, um mich zu holen."

Der alte Mann flüsterte nur noch und hielt die Augen geschlossen. Ein Zittern überkam seinen mageren Körper.

Erschrocken sah der Junge, wie sich Faden um Faden des auf wundersame Weise neu geknüpften, schimmernden Netzes zurückzog. Es wurde wieder dunkler um den alten Mann.

„Nicht, Großvater, nicht an das Traurige denken, das du erleben musstest! Kannst du dich noch erinnern, wie wir einmal dieses große, wunderbare Segelschiff gesehen haben? Weißt du noch? Diesen riesigen Dreimaster? Wie du meine Hand genommen hast und mir von den Abenteuern erzählt hast, die wir beide auf einem Schiff erleben werden? Du als Kapitän und ich als Leichtmatrose!"

Das Kind flüsterte diese Worte fast beschwörend. Es wollte die dunklen Gedanken wieder durch schöne ersetzen!

Der alte Mann lächelte wieder.

„Ja, Kind, ich erinnere mich! Es war ein schöner, sonniger Tag und ich habe uns beide auf dem Schiff gesehen, wie wir die Welt umsegeln. Wie wir Abenteuer erleben!"

Niam hielt den Atem an. Tatsächlich bewegten sich neue Fäden in den Buntschatten des Alten!

„Wo ist deine Hand, mein Kind?" Müde tastete die alte, faltige Hand nach Niam. Schnell ergriff dieser sie.

„Hier bin ich, Käpt'n!"

Der alte Mann lächelte selig, war er doch in Gedanken mit dem kleinen Jungen auf dem Segelschiff. Und so wie seine Gedanken in helle Gewässer flogen, so segelten auch wieder einzelne Silberfäden in seine Buntschatten. Schließlich kündete ein leichtes Schnarchen davon, dass der des Lebenskampfes so müde gewordene Großvater in den Hafen der Träume eingelaufen war.

Lange saß das Kind an seinem Bett und hielt die Hand des klugen, alten Mannes, der ihn so viel gelehrt hatte. Nachdenklich beobachtete es die Silberfäden, die zaghaft die schwachen Buntschatten des Großvaters erleuchteten. Da fiel sein Blick auf seine kleine Hand, die die welken Finger des Älteren festumschlossen hielten. Niam runzelte die Stirn. Sah er dort einen neuen Silberstrom? War es seine Hand, die Quelle der neuen Silberfäden war, die sich in den müden Handschatten des Großvaters ihren Weg bahnten? Vorsichtig löste Niam seine Hand aus der Hand des Alten. Er hielt seine beide geöffneten Handflächen über die raue Hand des Großvaters. Dann schloss er die Augen.

„Verbindet mich!", bat er leise und demütig.

Er wusste nicht, an wen er diese Bitte richtete, aber irgendetwas reagierte. Irgendetwas passierte. Die ersten Silberfäden schienen aus seinen Händen zu fließen. Sie suchten Anschluss in den düsteren Buntschatten des Großvaters. Hätten sich dort nicht frische Silberfäden gebildet, hätten die neuen wohl keinen Halt gefunden. Doch so woben sie ein zartes Netz miteinander. Der Junge schloss die Augen und sandte alle Liebe, die er fühlte und alle Kraft, die er hatte, über seine Hände in die Buntschatten des Alten. Er spürte, wie seine Hände wärmer und wärmer wurden und öffnete irgendwann die Augen wieder.

Voller Erstaunen und in tiefer Dankbarkeit sah er einen steten Strom von Silberfäden, stark wie ein Seil, von seinen Händen zu seinem Großvater gleiten. Das Kind stand auf und richtete nun beide Hände auf die schwarzen Schatten des Krebses. Wie silberne Pfeile drangen sie in das hässliche Geschwür ein, das durch die Luft schwebte. Die schwarzen Flecken zuckten und wichen zurück. Sie machten sich groß und versuchten, die Silbergeschosse abzuwehren. Doch der gleitende Strom aus Silber blieb unerbittlich, floss kontinuierlich. Die dunklen Schatten schienen langsam zu weichen und schließlich in sich zusammenzusinken. Doch Niam wusste, dass sie nicht besiegt waren! Sie lauerten im Schatten und sie würden zurückkehren, sobald sie neue Kraft gesammelt hatten.

Niam sank auf seinen Platz neben dem Bett zurück. Seine Hände brannten, doch er selbst fühlte sich leer und schwach.

„Für heute kann ich nicht mehr, doch ich komme morgen wieder, Großvater!"

Jeden Nachmittag kurz vor der Dämmerung verschwand das Kind nun im Zimmer des Großvaters. Die Eltern ließen die beiden allein, wussten sie doch, dass nicht mehr viel Zeit für die beiden Kameraden blieb. Zeit, die ihre verbundenen Herzen brauchten, um Abschied zu nehmen. Gern hätten sie für ihren Sohn den Schmerz getragen, doch es gibt Dinge, die liebende Eltern ihrem Kind nicht abnehmen können. Kummer ist unübertragbar. Durch das Tal der Tränen muss jeder selbst schreiten. Doch man kann dem Kummervollen eine Hand reichen, damit er das nicht allein tun muss!

Das wussten auch Niams Eltern. Daher saß abends nun entweder Mutter oder Vater an seinem Bett, um für ihn da zu sein: um mit ihm über seine Ängste oder auch von schönen Dingen zu sprechen, positive Gedanken, die ablenkten.

Obwohl Lubanzi und Imani nie gelernt hatten, mit einem Kind umzugehen, dessen Herz voller Trauer war, taten sie instinktiv das Richtige: Sie waren aufrichtig. Sie versprachen nichts, was sie nicht halten konnten. Behaupteten nicht, dass sein Großvater wieder gesund werden würde. Hätten sie das getan, hätten sie sich ein paar Wochen Hoffnung im Kinde erkauft. Doch der Schmerz danach, wenn der Tod dann doch kam, den Alten zu holen, wäre nur umso heftiger gewesen.

So eine Lüge, ausgesprochen aus Liebe und aus Feigheit, hätte einen hohen Tribut gekostet: Das Vertrauen darauf, dass die Eltern die Wahrheit sagten!

Niams Eltern taten noch etwas Wichtiges: Sie weinten gemeinsam mit ihrem Sohn! Sie versteckten ihren Kummer über den nahenden Tod nicht! Manchmal verbergen Eltern absichtlich ihre Trauer, um dem eigenen Kind Zuversicht vorzuspielen. Weil sie glauben, stark sein zu müssen. Doch ihr Kind lernt dann, dass Trauer nicht sein darf. Wer „starke" Eltern ohne Tränen sieht, verbietet sich selbst das Weinen. Dabei zeugen Tränen nicht von Schwäche. Tränen sind die gesündeste Heilung für tiefen Schmerz.

Imani und Lubanzi wählten intuitiv den richtigen Weg, indem sie ihren Herzen folgten: Sie weinten, wenn sie traurig waren. Sprachen von ihrer Angst um den alten Mann und davon, wie sehr sie ihn vermissen würden. Zeigten offen ihre Gefühle und vermittelten dadurch Stärke. Niam verstand und fühlte sich angenommen: er durfte sein, wie er war, durfte zeigen, was er fühlte.

Eines Abends saß Lubanzi wieder bei ihm und Vater und Sohn hielten sich an den Händen.

„Papa?", fragte der Junge, halb aufgerichtet an sein dickes Kopfkissen gelehnt.

„Was ist damals mit Großmutter geschehen? Warum ist sie so früh gestorben? War das der Grund dafür, dass der Großvater sich damals so … geändert hat?"

Niam biss sich auf die Lippen. Er wusste nicht, wie er es hätte anders formulieren sollen, wie er anders hätte fragen sollen, warum der Großvater die Buntschatten nicht mehr sehen konnte. Buntschatten, die nicht für alle sichtbar waren. Doch irgendwie hatte er das Gefühl, dass die Antwort auf diese Frage sehr wichtig war.

Sein Vater runzelte die Stirn.

„Wie kommst du jetzt darauf, Niam?"

„Weil Großvater, wenn er im Dämmerschlaf ist, oft nach ihr ruft!"

Die Antwort war nicht gelogen. Tatsächlich verlangte der alte Mann, wenn ihn die Schmerzmittel in eine gnädigere Welt beförderten, wieder und wieder nach der Geliebten seiner jungen Jahre.

Sein Vater dachte eine Weile nach. Dann seufzte er tief und streichelte die Hand seines Sohnes.

„Niam, es tut mir sehr leid, dass du so viel Kummer hast. Und so viel Schmerz ertragen musst! Daher fällt es mir auch schwer, deine Frage ehrlich zu beantworten: ich fürchte, dass sie dir noch mehr Kummer macht! Doch so wenig wie ich dir die Angst um deinen Großvater nehmen kann, so wenig kann ich die Geschichte ungeschehen machen, die passiert ist. Und die auch dich etwas angeht! Familiengeschichten, die mit großer Trauer verbunden sind, kommen immer wieder ans Licht. In Worten oder auf andere Weise. Oft leben sie unerkannt in den Herzen der Nachkommen und sind dabei auf schlimme Dinge in der Vergangenheit zurückzuführen. Daher tut man gut daran, Dinge nicht unter den Teppich zu kehren."

Lubanzi sah Niam an. Der blickte fragend zurück. Wovon sprach der Vater?

„Ich wollte dir das alles sowieso eines Tages erzählen. Wenn du alt genug sein würdest, es richtig einzuordnen. Wenn du mit dem daraus resultierenden Kummer würdest umgehen können. Doch das Leben erlaubt einen nicht immer, nach Plan vorzugehen. Manchmal passiert etwas, das einen zwingt umzudenken und die Dinge neu zu bewerten. Die Krankheit deines Großvaters ist so ein Ereignis."

Bedauernd streichelte er seinem Sohn über die Wange.

„Kummer macht reifer. Du solltest die Geschichte von Soweto hören, bevor dein Großvater von uns geht. Damit du ihn besser verstehen kannst. Und das, was in den letzten Wochen aus ihm geworden ist."

Und Lubanzi begann zu erzählen. Von seiner Kindheit in Soweto, einer Stadt in der Nähe von Johannisburg. In einem sogenannten Township hatten sie gelebt, einem Gebiet außerhalb des Stadtkerns, welcher den Weißen vorbehalten war. Die Townships waren geprägt durch Armut, mangelnde Hygiene und schlechte Lebensbedingungen. Dort lebten die Schwarzen. Barackensiedlungen waren an der Tagesordnung und in so einer war auch er, Lubanzi, zur Welt gekommen. Sechs Jahre nach seiner Schwester Maliya.

„Du hast eine Schwester?", fragte Niam aufgeregt.

Er hatte noch nie von dieser Tante gehört!

„Ich **hatte** eine Schwester, mein Sohn."

Traurig senkte Lubanzi den Kopf und Niam spürte den Kummer in dessen Herzen und sah Schatten in seiner Aura aufziehen.

„Die damalige Zeit war schlimm für uns Schwarze. Einfach gesagt: Alles Gute und Schöne gehörte den Weißen. Der Rest, den sie nicht wollten oder uns gnadenhalber zustanden, blieb uns."

Niam schluckte. Er wusste einiges über die damaligen politischen Verhältnisse. Nicht umsonst war er bei einem Großvater aufgewachsen, der in der Politik arbeitete und der zeit seines Lebens für Gerechtigkeit und Gleichheit der Rassen gekämpft hatte.

„Das muss sehr schlimm gewesen sein!", meinte er leise.

Sein Vater nickte nur.

„Sehr schlimm! Doch Maliya und ich hatten noch Glück! Wir hatten Eltern, die uns innig liebten. Man erträgt viel, wenn die Liebe mit einem unter dem Dach wohnt! Vor allem meine Mutter war die Sonne selbst! Egal, wie hässlich die Baracke war, die sie betrat, es war, als würde mit ihr ein Lichtstrahl die Hütte betreten! Als könnte sie mit ihrem Strahlen das Elend mit Licht anstreichen! Vielleicht ist das nur die verklärte Erinnerung eines 7-Jährigen an die geliebte Mutter. Doch genauso erinnere ich mich an sie!

Ich glaube, dass es niemanden gab, der sie nicht geliebt hat! Ihr flogen die Herzen zu, und wenn man ihr lachendes Gesicht sah, blendete man alles Unglück aus. Und sie lachte immer, egal, wie schwer die Zeiten waren! Bis dieses Lachen eines Tages für immer von ihrem Gesicht gewischt wurde …"

Lubanzi Stimme wurde leise und er schluckte schwer.

„Ich habe außer mit deiner Mutter noch nie darüber gesprochen!", flüsterte er.

Niam drückte seine Hand. Wartete, bis der große Mann, der auf dem Rand seines Bettes saß, sich gefangen hatte. Lubanzi sprach mit belegter Stimme weiter, die bebte, als spielten die Geister der Vergangenheit auf seinen Stimmbändern ein grausames Musikstück.

„Maliya ging an diesem Morgen mit anderen Kindern auf die Straße. Sie war 13 Jahre alt. 13! Und sie war so klug! Ich habe sie so sehr bewundert, sie wusste so viel! Sie hatte auf so viele Fragen eine kluge Antwort und wollte immer mehr wissen. Ich habe sie so sehr geliebt …"

Jetzt rollten Tränen Lubanzis Wangen hinunter. Kindertränen, die sich nach der verlorenen Schwester sehnten.

„Und sie war so hübsch. Und immer genauso fröhlich wie Mama. Papa meinte oft im Spaß, es wäre gar nicht auszuhalten bei uns zu Hause, mit diesen beiden Frauen, die jeden Tag so viel Licht und Fröhlichkeit in unser Dasein brachten!"

Seine Stimme brach. Er konnte nicht mehr weitersprechen. Die Geister der Vergangenheit hatten sich nun seines ganzen Körpers bemächtigt. Er zitterte und bebte und Schluchzer fuhren aus der Tiefe seiner Seele. Das Kind richtete sich auf und schlang die Arme um seinen Vater. Tiefes Mitgefühl stieg in ihm auf, und er hielt den Großen fest, der vor Kummer nicht weitersprechen konnte. Als die Welle der Trauer leise abebbte, putzte sich Lubanzi die Nase und fuhr fort.

„Maliya ging gern zur Schule. Sie fand alles interessant, was sie lernte, und wollte sogar später selbst Lehrerin werden. Kindern etwas beibringen. Kindern die Welt erklären. Die Welt besser machen! In den unteren Klassen der Schule wurden die Kinder in ihrer afrikanischen Muttersprache unterrichtet, von denen es je nach Region unterschiedliche gibt, wie du weißt. Doch für die höheren Klassen hatte die Regierung festgelegt, dass Unterricht und Abschlussprüfungen in den Amtssprachen der weißen Oberschicht, in Afrikaans oder Englisch, stattfinden sollten. Diese Anweisungen wurden immer strenger, die Bedingungen für die farbigen Schüler immer unfairer! Indem sie uns den Zugang zur Bildung erschwerten, wollten die Weißen ihre Vormachtstellung sichern. Sie wussten, dass Wissen Macht bedeutet, und erfanden Regularien, um uns von diesem Wissen abzuschneiden. Als eine weitere unfaire Verschärfung der Regularien bekannt wurde, gingen die Schüler der High School in Soweto auf die Straße. Maliya ging mit und protestierte mit ihren Freunden. Es waren Kinder, die friedlich für eine bessere Zukunft kämpften. Ihre Zukunft!"

Wieder brach seine Stimme und in seinen Augen schwammen erneut Tränen.

„Ihrer Demonstration schlossen sich erwachsene Schwarze an, die ebenfalls gegen die Weißen und ihre Politik protestierten. Es flogen Steine. Die Polizei schoss. Auf Kinder und Unbewaffnete ... eine der Ersten, die von Kugeln getroffen wurde, weil sie für eine bessere Welt mit fairen Chancen für alle kämpfte, war ... meine Schwester Maliya. Sie starb in den Armen ihrer Freunde!"

Die Tränen der Erinnerung zogen ihre traurigen Bahnen im Gesicht des Vaters. Trauernder Bruder. Niam schwieg betroffen. Vor seinen Augen sah er die Szene auf der Straße: Kinder, die Schilder hochhielten. Waren sie in ihrer Sprache geschrieben? Oder trugen sie die Schrift einer der verhassten

Sprachen, die man ihnen aufzwingen wollte? Massige Polizisten vermummt, hinter Schildern, gesichtslos. Alle weiß. Und einer schoss. Oder waren es mehrere? Alle?

Niam sah die Trauer in der Aura seines Vaters, schwarze Schatten, die traurig die Hand hoben. Gruß aus einer Vergangenheit, die man begraben wollte. Doch das Herz vergisst nicht, kann nicht vergessen.

„Und deine Mutter? War sie auch bei den Protesten dabei?", flüsterte Niam schließlich.

Lubanzis Gesicht verhärtete sich.

„Als man Maliyas Leiche zu uns nach Hause trug, war Mutter außer sich. Sie schrie wie ein verletztes Tier. Dann streichelte sie ihr totes Kind, stundenlang. Liebkoste sie, als käme sie dadurch zu uns zurück. Irgendwann stand sie auf, wischte sich die Tränen aus dem Gesicht und straffte die Schultern. Ihren Blick werde ich nie vergessen: wo sonst nur Liebe und Lachen zu finden waren, blitzte jetzt eiskalter Hass. Ich weiß noch, wie ich erschauderte! Dann nahm sie mich in die Arme und ging ohne ein Wort aus dem Haus. Das war das letzte Mal in meinem Leben, dass ich sie sah!"

Lubanzi senkte den Kopf. Niam streichelte seine Hand. In seinem Inneren tobte ein Sturm. Eine Vielzahl von Gefühlen wirbelten umeinander, tauchten an die Oberfläche, zeigten ihr brüllendes Gesicht, wurden hinabgezogen, um einem anderen Gefühl Platz zu machen: Mitleid mit dem Vater und seinen Tränen. Trauer um die Tante, um die Großmutter, die er nie hatte kennenlernen dürfen. Mitgefühl mit dem Großvater, der Frau und Tochter verloren hatte. Wut auf eine Herrscherschicht von Weißen, die Schwarze wie Menschen zweiter Klasse behandelten. Dankbarkeit, dass die Zeiten heute besser waren. Angst, dass es Menschen gab, die so handelten, Angst, dass Dinge wie diese sich in Zukunft wiederholen konnten!

Er presste die Lippen aufeinander und griff sich an die Stirn.

Sein Kopf schien zu platzen vor den rasenden Gedanken und sein Herz wollte ihm folgen, so sehr rissen die widerstreitenden Gefühle in seiner Brust. Der Vater zog seinen Sohn fest an sich, als erahne er das aufgewühlte wilde Meer der Gefühle, das in dessen kleiner Brust tobte. Dann ließ er ihn wieder los und sprach langsam weiter:

„Meine Mutter ist an diesem Tag zur Polizei gegangen, um Gerechtigkeit für ihre Tochter zu fordern. Angeblich hat sie auf Polizisten eingeschlagen, so dass man sie wegsperren musste. Wahrscheinlicher ist, dass man sie befragen wollte, was sie über den Aufstand wusste, und ob sie zu den Anführern gehörte. Kein Polizist wollte glauben, dass nur ein paar Schüler für ihr Recht auf Bildung demonstriert hatten! Sie vermuteten schlimme Machenschaften der Schwarzen dahinter, die eine weiße Minderheit stürzen wollten. Also „befragte" man meine Mutter. Ich möchte nicht erzählen müssen, was „befragen" damals bedeutete …"

Lubanzi schluckte wieder schwer. Niam wurde es kalt.

„Dein Großvater ging ebenfalls zur Polizei, um seine Frau zu suchen. Auch ihn behielten sie dort, wenn auch nur für einige Nächte."

Niam hörte zu, geschockt, voller Mitgefühl. Was musste sein Vater damals ausgestanden haben! Die Schwester tot, der Leichnam vielleicht noch in der Wohnung! Die Mutter verschwunden, der letzte Blick, ein Blick aus Eis! Der Vater weg, auf der Suche nach der Mutter. Tod, Hass, Unsicherheit, Angst, Verlassenheit. Fünf furchtbare Dinge, zu viel für ein Kind von sieben Jahren! Er selbst war so viel älter und hielt allein die Erzählung kaum aus! Um wieviel schlimmer musste die Wirklichkeit gewesen sein! Niam drückte seinem Vater die Hand.

Der erzählte weiter, mit leiser Stimme, die Traurigkeit perlte über die brüchigen Stimmbänder.

„Ein paar Tage später stand mein Vater wieder vor der Tür. Zwei Freunde hielten ihn gestützt, und er zog das rechte Bein leblos nach, als sie ihn in die Wohnung schleiften. Sie hatten ihn übel zugerichtet, die weißen Polizisten, für die es Gerechtigkeit nur in Weiß gab! Schwarze hatten keinen Anspruch darauf. Schwarze sollten schweigen, dankbar das System bedienen, das Weiße vorgaben. Sie haben deinen Großvater zurechtgestutzt. Ihm eingebläut, dass sich schwarze Wut gegen das weiße Regime nicht gehört. Schläge, die ihn klein machen sollten. Schläge, die ein gesundes Bein wieder und wieder brachen. Um damit seinen Willen zum Widerstand zu brechen! Den Widerstand eines Mannes, dessen einziges Vergehen darin bestand, seine Frau zu suchen und Gerechtigkeit für sein Kind zu fordern!"

Niam sog scharf die Luft ein. Daher rührte die Verletzung am Bein seines Großvaters!

„Sein Körper verheilte mit der Zeit. Doch ich glaube, seine Seele erholte sich nie ganz von ihren Verletzungen! Zwei Wochen später erhielten wir die Nachricht, dass es im Gefängnis einen „Unfall" gegeben hätte, bei dem „bedauerlicherweise" meine Mutter ums Leben gekommen sei. Ihr Leichnam, den wir abholen sollten, lag bereits in einem billigen Verschlag aus Brettern, der fest verplombt war. Uns wurde untersagt, ihn noch einmal zu öffnen. Wir konnten uns nicht einmal von ihr verabschieden!", brach es gequält aus ihm heraus.

In Niam waren alle Fragen verstummt. Er wollte nicht genau wissen, warum man Särge verplombte. Warum man Angehörigen diesen letzten Gruß verweigerte. Er wusste es. Man wollte die Spuren der „Befragung" vertuschen. Um nicht weitere Schwarze aufzuwiegeln in einer Zeit, in der es für weiße Bequemlichkeit schon zu viel schwarze Unruhe gab.

Vater und Sohn schwiegen lange. Schwer wogen die Erinnerungen des Vaters, schwer war die Last, die sich auf seine

Brust gelegt hatte. Nur der Trost und die gegenseitige Nähe linderte den Herzensschmerz, den sie beide fühlten.

„Ich erzähle dir das, damit du deinen Großvater besser verstehst, wenn in seinen letzten Stunden diese Zeit wieder auflebt und ihn bitter macht! Ich weiß nicht, wieviel Kraft er aufbringen musste, um weitermachen zu können! Wie er es geschafft hat, so weiterzuleben! Mir eine lebenswerte Zukunft zu schaffen. Seine Knochen konnten sie brechen, seinen Widerstand nicht! Ich kann nur ahnen, was ihn das gekostet haben mag!"

Müde schlossen sich seine Lider, aus denen sich wieder schwer eine Träne löste, denen andere auf ihrer Bahn folgten. Auch in Niams Augen standen Tränen. Er zumindest wusste von einer Sache, die sein Großvater damals verloren hatte: die Fähigkeit, Buntschatten zu sehen. Vater und Sohn weinten jetzt nicht mehr um die Schatten der Vergangenheit. Sondern um die Schatten der Gegenwart, die ihnen einen großen Mann mit einem noch größeren Herz entreißen würden.

Niam lag in dieser Nacht lange wach und dachte über das aufwühlende Gespräch nach. Er musste Gedanken und Herz des Großvaters aus der düsteren Vergangenheit zurückholen und hellere Erinnerungen in ihm wecken. Sonst würde es keine Silberfäden geben. Silberfäden, die grauen Schatten ihre Farbe zurückgeben konnten.

Der Großvater wurde nach sechs Wochen erneut im Krankenhaus vorgestellt und gründlich untersucht. Ein Arzt hatte anschließend Omphile und seine Familie in sein Sprechzimmer gebeten, während er die Ergebnisse genau studierte.

„Das kann nicht sein!", murmelte er verwirrt und griff erneut nach den Unterlagen, die auf seinem Schreibtisch lagen. Er hielt die Röntgenbilder wieder und wieder gegen das Licht.

„Was ist?", fragte Lubanzi erstaunt.

Niam, der seine Eltern dieses Mal begleitet hatte, hielt die Luft an.

„Ich, ich verstehe das nicht!", stotterte der Mann, der auf seinem Fachgebiet ein anerkannter Experte war, und wischte sich verwirrt über die Augen.

„Der Krebs ... er ist ... weg! Die Werte bestätigen das! Und ich sehe nichts, gar nichts mehr!"

„Aber das ist doch nicht möglich!", rief Lubanzi und schlug die Hand vor den Mund.

Der Junge aber stürzte zu seinem Großvater, der mit wachen Augen auf der Liege lag. Er barg seinen Kopf an dessen Brust, während der Alte ihn sanft streichelte.

„Ich wusste es!", flüsterte das Kind. „Ich wusste es!"

„Ja, mein Herzenskind, du hast mich alten Mann zurück ins Leben geholt! Ich fühle es schon seit Tagen! Doch ich wollte sichergehen, um euch keine falschen Hoffnungen zu machen!"

Auch Lubanzi und Imani stürzten auf den Alten zu, um ihn fest zu umarmen. Während der Facharzt sich bloßgestellt fühlte, anstatt sich über die Wendung des Schicksals zu freuen, nahmen Vater, Mutter und Sohn den alten Mann in ihre Mitte und geleiteten ihn im Triumphzug nach Hause. Immer wieder umarmten sie Omphile und dankten dem Schöpfer für diese wunderbare Genesung. Endlich waren wieder Glück und Frieden bei ihnen eingekehrt!

Später, als Großvater und Enkel zu zweit auf ihrer Bank vor dem Hause saßen, hielten sie sich fest an den Händen. Niam fühlte eine tiefe Liebe und ein unbändiges Glück in seinem Inneren. Gerade kullerten wieder einige Freudentränen über seine Wangen, und er drückte die Hand des Alten fester.

Dieser blickte ihn liebevoll an und wischte dem Kind mit seinen leicht zitternden Fingern vorsichtig die Tränen aus dem Gesicht.

„Leichtmatrose?"

Niam schniefte noch einmal und lächelte den Großvater dann an.

„Ja, Käpt'n?"

„Ich danke dir!"

„Wofür möchtest du dich denn bedanken? Ich habe doch gar nichts getan!"

Der Alte hob mahnend den Zeigefinger.

„Aber natürlich hast du etwas für mich getan! Mehr, als je ein Mensch für mich tun konnte! Du hast mich wieder mit dem Leben verbunden. Stück für Stück. Mich zurückgeholt von einer Reise, die ich eigentlich noch gar nicht antreten wollte. Auch wenn ich nicht genau weiß, wie du das angestellt hast!"

Der Alte schüttelte seinen Kopf und sah seinen Enkel fragend an.

„Ich habe auf einmal die Verbindung zwischen allem, was ist, wahrgenommen. Nur zwischen dir und deiner Umgebung war fast nichts mehr da! Und da habe ich gemerkt, dass ich Verbindungen herstellen kann. Und stärken kann. Ich habe diese Verbindungen richtig GESEHEN. Ich sehe sie übrigens jetzt auch! Sie sind silberfarben, Fäden aus glänzendem Silber! Und diese konnte ich nur mit meinen Gedanken stärker machen, bündeln und lenken! Und ich habe gemerkt, dass bei dir wieder silberne Fäden entstehen, wenn du von positiven Dingen sprichst. Sozusagen Andockstellen für die Silberfäden, die ich dir schicke! Wenn du selbst keine mehr hättest herstellen können, hätte meine ganze Kraft nicht gereicht. Denn dann hätte meine Fäden nichts gehabt, womit sie sich hätten verbinden können. Sie hätten nicht ankern können! Doch deine positiven Gedanken haben neue Fäden geschaffen und ich wurde jeden Tag besser darin, dir Kraft zu schicken. Das habe ich mir jedenfalls eingebildet, ich weiß nicht wirklich, was ich dir da geschickt habe!", schloss das Kind mit einem Achselzucken.

Der alte Mann hörte aufmerksam zu.

„Du bist ein Heiler, Niam! Was für eine Gabe! Und du kannst Wesen und Dinge verbinden! Das ist Energiearbeit, du bist ein Lichtarbeiter! Wie wundervoll! Ich bin unendlich stolz auf dich, darauf, dass du diese Gaben selbst bei dir entdeckt hast. Und sie richtig eingesetzt hast! Dass du mich damit gerettet hast! Ich werde dir helfen, Lehrer zu finden. Nicht an der Schule, sondern im Leben. Lehrer, die dir zeigen können, was du mit diesen Gaben anfangen kannst! Mir zumindest hast du damit jeden Tag ein Stückchen Leben zurückgegeben!"

„Aber warum konnte ich auf einmal diese Verbindungen erkennen? Die habe ich doch früher nicht gesehen? Und jetzt kann ich es auf einmal?" Der Junge sah ihn fragend an.

Omphile antwortete:

„Wie ich dir schon einmal sagte, große Krisen fördern nicht nur großes Leid zu Tage. Sondern bieten auch immer die Chance für etwas Neues! Kein Schlechtes ohne ein Gutes! Man sieht das Positive, wenn man die Augen hat, es zu erkennen! Das Schicksal legt uns nur Päckchen auf den Rücken, die wir tragen können. Und wenn eines besonders schwer wird, bekommen wir Hilfe! Nicht jeder erkennt sie. Du schon! Du hast deine Chance genutzt! Deine Gabe erkannt und deinen alten Großvater offensichtlich erleuchtet, haha!" Er grinste. Der Junge grinste zurück. Dann fuhr der Alte fort:

„Doch du hast noch viel mehr getan! Du hast mir auch meine Buntschatten zurückgeholt!"

Der Junge riss erstaunt die Augen auf, und der Alte lachte verschmitzt.

„Ja, du hörst richtig! Ich sehe sie wieder, die Buntschatten der Kindheit und der Jugend. Ich wusste, dass alles, was mit meiner Frau und meiner Tochter passiert ist, der Grund dafür war, dass sie verschwunden sind. Ich habe mich damals zurückgekämpft, das war gut! Ich habe mich dem Leben zugewandt! Doch die Trauer hielt ich verborgen. Ein wichtiger Teil von mir ist damit in den Schatten gewandert. Und damit ist auch meine wertvolle Gabe abgestorben: Die Buntschatten sind mit der Trauer im Schatten meiner Seele versunken. Doch jetzt lasse ich nicht mehr zu, dass sie wieder gehen! Ich werde mich meiner Trauer stellen und durch den Schmerz gehen. Ich werde die Vergangenheit nicht mehr aussparen. Nur so kann ich ganz werden, das weiß ich jetzt! Das wird mein Weg sein! Und deiner wird es sein, anderen Menschen zu helfen, so wie du mir geholfen hast! Das wird die Aufgabe deines Lebens werden und ich freue mich, dass ich noch Einiges davon miterleben darf!"

Der alte Mann und der Junge umarmten sich innig.

Dann lächelte der Ältere verschwörerisch.

„Ich habe deine Mutter gebeten, für dich ein kleines Geschenk zu besorgen, das ich dir jetzt überreichen möchte!"

Er griff neben sich in eine Tüte, die ebenfalls auf der Bank lag, und die Niam bis jetzt nicht bemerkt hatte. Omphile zog ein kleines Buch hervor, auf dem ein Stern mit einem langen Schweif abgebildet war, der den Betrachter verschmitzt anlächelte. Niam las den Titel: „Der kleine Komet – Herzensgeschichten für Kinder von 5-99". Der Großvater überreichte es ihm feierlich.

„Ich habe das vor längerer Zeit mal in einem Buchladen gesehen und habe ein bisschen darin gestöbert. Und gleich die erste Geschichte, von Tierkindern, die ihr Reich retten, war so schön geschrieben, dass ich mich in das Buch verliebt habe. Und jetzt schenke ich es dir. Ich weiß, dass du keine 5 mehr bist, aber ich bin auch noch keine 99! Insofern könnte es doch gut passen, wenn wir das zusammenlesen!"

Niam grinste frech:

„Auch wenn du schon ein bisschen so aussiehst, als wärst du 100, alter Mann!"

Omphile lachte nur:

„Wenn du wüsstest, wie alt ich mich manchmal fühle, wärst du begeistert, wie topfit ich aussehe!"

Dann wurde er wieder ernst.

„Das Buch ist nur ein kleines Symbol dafür, dass die Dinge ab heute wieder leichter werden dürfen. Die Vergangenheit hat mich ein Stück weit eingeholt, als meine Kräfte weniger wurden. Das ist eine Gefahr, die jedem Menschen droht, der sein Leben lang verdrängt. Wie gesagt, ich werde ab heute auch über diese dunkelsten Stunden meines Lebens reden. Und aushalten, dass es weh tut. Ich weiß, dass dein Vater mit dir über alles gesprochen hat. Das war richtig. Es tut mir leid, dass nun auch dein junges Herz mit dem Schrecken von damals belastet ist. Aber so ist das Leben.

Doch das heißt nicht, dass ich ab jetzt im Unglück baden möchte! Ich möchte, dass wir jeden Tag unseres Lebens wirklich LEBEN! Wir werden bei allem Unglück, das es auf der Welt gibt oder in der Vergangenheit gab, die schönen Dinge nicht übersehen! Und wenn das bedeutet, dass wir ein Kinderbuch lesen, weil wir es einfach schön finden, dann machen wir das! Wir tun ab jetzt alles, was uns guttut, einverstanden?"

„Einverstanden, Käpt'n", lächelte Niam.

Und so hielten sie es, der kluge alte Mann mit dem großen Herzen und der empfindsame Junge mit den Silberfäden. Und wie Niam es schaffte, eine ganze Welt zu verbinden und damit die Erde zu retten, davon erzählt die nächste Geschichte.

Ozean der Weisheit

Die letzte Geschichte beginnt im Osten der Welt, in Tibet. Zu den weisesten Menschen, die hier lebten, gehörten die Männer, denen man den Titel des Dalai Lama verlieh. Dieses Amt steht auch heute noch für das Oberhaupt einer buddhistischen Lehre.

Während Christen oder Muslime an ein Leben nach dem Tode im jenseitigen Paradies glauben, vertrauen Buddhisten darauf, dass ihre Seele wiedergeboren wird. Sie sprechen von Reinkarnation, dem Weg der Seele durch Raum und Zeit. Die Seele jedes Verstorbenen sucht sich ein neues Leben und eine neue Aufgabe, die sie bewältigen muss. Sie wird in neue Familien mit neuen Herausforderungen hineingeboren, um am Ende von vielen Leben und unzähligen bestandenen Seelenaufgaben wieder im großen, göttlichen Licht aufzugehen. Dem Ausgangspunkt und Sehnsuchtsort aller Menschenseelen.

Wenn der Dalai Lama stirbt, dann geschieht etwas, das viele Menschen im Westen sehr eigenartig finden: Die weisesten Mönche seines Klosters, die Weggefährten des Verstorbenen, folgen Intuition und Zeichen, um seine unsterbliche Seele in einem neugeborenen Menschenkind wiederzufinden. Diese Suche kann sie um die ganze Welt führen. Wenn sie es finden, muss das Kind eine Prüfung vor den Weisesten aus ihrer Mitte ablegen: Es muss Gegenstände erkennen oder Begebenheiten erinnern, die mit der letzten Reinkarnation des Dalai Lama in Verbindung stehen! Besteht der kleine Kandidat diese Prüfung und sind die weisen Mönche somit sicher, tatsächlich den neugeborenen Dalai Lama wiedergefunden zu haben, bringen sie ihn oder sie in ihre Wohnstatt, einem Kloster.

Dieses befand sich früher in Tibet, doch musste der Dalai Lama von dort fliehen. Das Nachbarland China hatte das einst freie Land der Tibeter für sich beansprucht. Die Eroberer versuchten mit allen Mitteln, die freie Ausübung seiner Religion einzuschränken. Zu freigeistig erschien ihnen das Gedankengut, zu gefährlich der Dalai Lama, der seinen Untertanen die individuelle Freiheit des Denkens und Handelns anbot, wo die neuen Herren auf Gleichmachung und Überwachung setzten.

Viele Klöster Tibets fielen der neuen Macht mitsamt ihren friedlichen Bewohnern zum Opfer. Zahllose, gläubige Tibeter flohen, um ihr Leben zu retten. Eine neue Heimat fanden viele schließlich im Nachbarstaat Indien - so auch der Dalai Lama.

Hier wird seine wiedergefundene alte Seele erneut von weisen Mönchen erzogen werden, den Freunden und Mitstreitern des jeweils letzten Dalai Lama. Dies geschieht so lange, bis alles Wissen vermittelt ist und der Wiedergeborene sein wichtiges Amt als Dalai Lama neu auskleiden kann.

So kam es also, dass eines Tages in einem Kloster im indischen Dahramsala ein Junge erwachte, der als zukünftiger Dalai Lama erzogen wurde. Er wird hier noch nicht bei seinem Titel genannt, sondern mit einer Übersetzung seines Namens: Dalai Lama bedeutet „Ozean der Weisheit" und so beginnt die Geschichte mit einem hochgewachsenen Jungen, der zum Zeitpunkt der Geschichte zwölf Jahre alt war und Ozean hieß.

Ozean erhob sich von seiner Matte, auf der er die Nacht verbracht hatte. Er rollte sie zusammen und setzte sich ein paar

Minuten zur Meditation auf den Boden. Dann erhob er sich, verließ sein bescheidenes Zimmer und lief zielstrebig in die alte Bibliothek des Klosters, einem hohen Saal mit riesigen Fenstern. Die ersten Strahlen der aufgehenden Sonne, die durch die Fensterscheiben drangen, enthüllten feine Staubpartikel, die fröhlich durch die Luft tanzten, ein eigenes Universum schaffend. Der junge Ozean, eingehüllt in das orangefarbene Gewand der Mönche, betrat die Bibliothek, und ging mit energischen Schritten auf eine kleine Kammer zu, die sich am Ende der Bibliothek hinter einem bestickten, alten Wandbehang verbarg. Er zog diesen vorsichtig beiseite und öffnete eine verwitterte Holztüre.

Die Existenz dieser Kammer war nur wenigen Mönchen des Klosters bekannt, denn sie barg wertvolle Schätze: Weltenwissen, aus aller Herren Länder zusammengetragen. Perlen der Weisheit, in Sicherheit gebracht vor Menschen, die diese Informationen zum Schaden anderer hätten einsetzen können. Wissend, dass der Mensch für manche Erkenntnisse noch nicht bereit ist, hüteten die reinen, spirituell geschulten Seelen der Mönche sorgsam die Weisheit von Jahrtausenden.

Ozean trat zu einem Regal und zog mit sicherem Griff ein großes, schweres Buch heraus, das er noch niemals zuvor in der Hand gehalten hatte. Er umfasste den rauen, dunklen Ledereinband vorsichtig, um das uralte, brüchige Werk nicht zu beschädigen. Liebevoll streichelte er den in den Buchtitel eingelassenen, orangenfarbenen Stein und blies den Staub herunter. Geheimer Staub, Jahrhundertschlaf.

Ozean verließ die Bibliothek und suchte seinen Freund Champa auf, der ihm als Penchen Lama väterlicher Freund und Ausbilder war. Dieser blickte von der Lektüre auf, in die er soeben noch vertieft gewesen war und sah seinen jungen Schüler freundlich an.

„Guten Morgen, hattest du eine gute Nacht?"

Der Junge nickte ernst.

„Danke, Champa, die hatte ich! Ich habe von einer Mission geträumt, zu der ich heute noch aufbrechen muss! Das heißt, wir beide müssen aufbrechen!"

Der Ältere hob erstaunt seine rechte Augenbraue. Mit dieser Bewegung wanderten auch die unzähligen Lachfältchen seines rechten Auges in die Höhe, was seinen liebenswürdigen Gesichtszügen einen drolligen Ausdruck verlieh. Er war erstaunt, doch er hinterfragte das Gehörte nicht. Aufgewachsen an einem Ort der Weisheit wusste er, dass das Universum durchaus in Träumen Botschaften überbringen konnte. Erhielt der zukünftige Dalai Lama eine davon, war es nur konsequent, ihr zu folgen.

„Was soll ich veranlassen?", fragte er.

Die Neugier blitzte in seinen wachen Augen, doch mehr fragte er nicht. Er würde in Demut abwarten, welche Rolle er in dieser Mission zu spielen hatte. Der Junge meinte munter:

„Du und ich, Champa, werden heute noch ein Flugzeug besteigen und einen Jungen suchen, von dem uns der halbe Erdball trennt."

„Suchen wir nach einer Reinkarnation?", rutschte es dem Alten nun doch heraus. Prompt schämte er sich wegen seiner Ungeduld. Neugierde galt bei den Mönchen als Untugend. Ozean lächelte ihn freundlich an und zwinkerte.

„Hab' noch ein klein wenig Geduld, ich verspreche, du wirst bald mehr erfahren!"

Am nächsten Tag landeten sie beide am Flughafen von Kapstadt. Sie erregten Aufsehen, wie sie mit farbigem Mönchsgewand, den schlichten Sandalen und einem einfachen Leinenbündel seelenruhig dem Ausgang zustrebten. Die Menschen flatterten um sie herum, drängelten, rannten und lärmten, Koffer, und Kinder hinter sich herzerrend.

Vor dem Flughafen empfing die beiden Mönche ein lauter Gruß der Welt: ohrenbetäubendes Hupen, brummende

Motoren und knallende Autotüren standen in ungewohntem Gegensatz zur klösterlichen Ruhe. Weltenlärm gegen innere Einkehr. Eiserne Gepäckwagen ratterten ächzend über den heißen Asphalt. Gedankenruhefressend. Zwei Mönche, Tanker in einem stürmischen Meer aus Hektik. Gelassenheit ausstrahlend. Vorübereilende hielten verdutzt inne und sahen den beiden nachdenklich hinterher, die sich in vollkommener Ruhe ihren Weg durch die wogende Menge bahnten.

„Wohin nun?"

Champa blickte Ozean seelenvoll an. Dieser schloss die Augen, senkte den Kopf und atmete tief durch. Als er sie wieder öffnete, sah er unter seinem rechten Fuß ein schmutziges Stück Papier kleben. Er bückte sich danach und löste einen entwerteten Busfahrschein von seiner Sandale.

„Offenbar sollen wir busfahren!"

Der Ältere schickte sich selbstverständlich drein, dem neuerlichen Zeichen zu folgen. Sie stiegen in einen Bus, der seinen Weg durch den Feierabendverkehr der quirligen Stadt bahnte.

„Letzte Haltestelle, bitte alle aussteigen!" Der schwarze Fahrer rief die Sätze gelangweilt durch den Bus und gähnte dabei so ausgiebig, dass man seinen goldenen Backenzahn funkeln sah.

Champa sah Ozean an, der keine Anstalten machte, sich zu erheben. Vielmehr rutschte der Junge auf den staubigen Fußboden neben einer Gruppe von Sitzen und entschwand damit dem Sichtfeld des Fahrers. Er bedeutete seinem Begleiter das Gleiche zu tun. Dieser folgte der Aufforderung ebenso belustigt wie gespannt.

Durch ihre kauernde Position entgingen sie der routinierten Kontrolle des Busfahrers, der bei seinem prüfenden Blick in den Innenspiegel einen menschenleeren Bus sah. Zufrieden ließ er den Motor schnurren und startete zur letzten Fahrt des Tages. Er freute sich auf einen gemütlichen Abend mit seiner Familie. Am Busbahnhof angekommen drehte er zufrieden

den Zündschlüssel und lief die verlassenen Sitzreihen ab. Aufmerksam überprüfte er, ob nicht ein Fahrgast versehentlich seine Habseligkeiten auf seiner kleinen Reise zurückgelassen hatte. Als er zwischen den hinteren Sitzreihen einen alten und einen jungen Mönch in orangefarbenen Gewändern sah, die sich gerade erhoben, blieb er wie angewurzelt stehen.

„Was macht ihr denn hier? Ihr hättet aussteigen müssen!" Verwirrt starrte er die beiden unerwarteten blinden Passagiere an. Die beiden klopften sich in aller Ruhe den Staub von ihrer Kleidung und deuteten eine höfliche Verbeugung an.

„Tut uns leid', dass wir deiner Aufforderung nicht nachgekommen sind, aber mein Freund", Champa deutete auf Ozean, „hatte das Gefühl, dir in deinem Bus folgen zu müssen. Das klingt seltsam, doch du kannst sicher sein, dass wir nichts Böses im Sinn haben!"

Dann verstummte er, denn mehr konnte er dem Mann, der sie interessiert betrachtete, nicht erklären. Der Busfahrer sah sie prüfend an und kam zu dem Schluss, zwei harmlose, vielleicht etwas weltfremde Mönche vor sich zu haben. Trotz der ungewöhnlichen Umstände entspann sich ein vertrauliches Gespräch. Die beiden Reisenden erzählten, wo sie herkamen, sprachen aber nicht über den Grund ihrer Reise. Sie fragten den Busfahrer über seine Stadt aus, erkundigten sich nach seiner Familie und erzählten vom Leben im Kloster.

So standen sie in einer angeregten Unterhaltung vertieft, als sich der Busfahrer auf einmal an die Stirn schlug:

„Oje, ich habe gar nicht gemerkt, wie schnell die Zeit vergangen ist mit unserem kleinen Plausch! Meine Frau wird sich schon Sorgen machen!"

Er überlegte einen kurzen Augenblick und meinte dann spontan:

„Bitte, seid doch heute unsere Gäste! Meine Frau wird gern zwei Gedecke mehr auflegen und in unserem kleinen Gästezimmer ist Platz für euch."

Er wunderte sich selbst ein wenig über seine großzügige Offenheit. Doch seitdem sein Vater vor einiger Zeit auf wundersame Weise dem sicheren Tode entronnen war, hatte er sich verändert. Er war nun immer öfter in der Lage, seine Intuition einzusetzen und seinem Bauchgefühl zu vertrauen. Und irgendwie gefielen ihm diese beiden freundlichen Mönche und er hätte gern mehr von ihnen erfahren!

Ozean streckte dem liebenswürdigen Mann die Hand entgegen:

„Vielen Dank für die freundliche Einladung! Wir nehmen gerne an!"

Und so brachte der sympathische Busfahrer die beiden Mönche mit nach Hause. Seine Frau empfing die ungewöhnlichen Gäste sehr herzlich und zeigte keinerlei Verwunderung. Sie führte Ozean und seinen Begleiter an den Küchentisch, an dem bereits ein alter Mann saß und freundlich grüßte. Seine munteren Augen blinzelten vergnügt beim Anblick der unerwarteten Abwechslung, denn er liebte alles Neue. Er warf seinem Sohn einen begeisterten Blick zu.

Da hörten sie eilige Schritte und ein Junge, kaum älter als Ozean, trat ein, die kurzen Haare zerzaust, Schweißperlen auf der Stirn.

„Entschuldige bitte, Mama, ich ...", der Rest blieb dem Jungen im Hals stecken, als er die unerwarteten Gäste sah. Sein Vater lächelte stolz und meinte:

„Darf ich euch meinen Sohn vorstellen? Niam, das sind unsere Gäste, Ozean und Champa. Die beiden haben einen weiten Weg hinter sich, sie sind aus Indien angereist und heute hier angekommen!"

Niams und Ozeans Augen trafen sich und beiden war, als würde sie ein Schlag, ein Strom aus Licht treffen! Ihnen war, als würden sie sich schon immer kennen! Sie sahen sich verwundert an. Dann sprach der junge Gast:

„Hallo, Niam! Von dir habe ich heute Nacht geträumt! Dich habe ich gesucht!"

Bis spät in die Nacht saßen die beiden gleichaltrigen, doch sehr ungleichen Jungen zusammen. Lubanzi, Imani und Omphile hatte Ozean nur kurz den Traum angedeutet, der ihn dazu gebracht hatte, Hals über Kopf mit seinem Lehrer Champa sein Kloster und sein Land zu verlassen. Er hatte von seinem Dharma gesprochen, einer heiligen Pflicht, die er erfüllen musste und bei der ihm Niam helfen sollte. Seine Gastgeber hätten natürlich gern mehr erfahren. Menschliche Natur, Neugierde auf alles Unfertige. Doch Ozean schwieg mit einem freundlichen Lächeln. Da hatten seine Gastgeber verstanden, dass dies eine Angelegenheit zwischen den Jugendlichen war. Sie hatten die ungewöhnlichen Gäste nicht mit weiteren Fragen belästigt und Ozean auf seinen Wunsch hin in Niams Zimmer einquartiert.

Und so saßen die beiden jungen Menschen auf Niams Bett, als Ozean endlich von seinem Traum berichten konnte:

„Vorletzte Nacht sah ich im Schlaf unseren Planeten. Ich sah die Erde von sehr weit oben, so als befände ich mich im Weltall. Und was ich sah, ließ mich vor Angst erstarren: Sie drehte sich schneller und schneller, bewegte sich unruhig auf ihrer Bahn, zuckte und bäumte sich auf wie ein junges Wildpferd. Lodernde Schlote öffneten sich, aus dem Erdinneren drangen wildes Feuer und heiße Magma, schwarzer Rauch stieg in riesigen Säulen bis zu den Wolken empor. Immer schneller raste sie in ihrer Bahn und die orangefarbenen Flammen, die aus ihrem Erdinneren züngelten, verwischten durch den wilden Ritt, als tränkten sie die ganze Welt mit feurigem Blut! In meinen Ohren hörte ich den milliardenfachen Schrei der Menschheit, die begriff, dass ihre Welt dabei war unterzugehen. Der Schmerz und das Wehklagen waren unbeschreiblich und fraßen sich tief in mein Herz!"

Ozean schwieg traurig und legte die Hand auf seine Brust. Niam ergriff voller Mitgefühl die andere Hand seines neuen Freundes, den er als Seelengefährte über Jahrtausende hinweg erkannt hatte. Der Junge, der so weit aus dem Osten angereist war, atmete schwer, als er fortfuhr:

„Doch da erhob sich aus den Flammen eine Insel, unberührt von Feuer und Rauch, grün und lieblich, von den Todeszuckungen des sterbenden Planeten unbeeindruckt. Ich bewegte mich auf die Insel zu: Ich hörte Musik und ich sah … Kinder! Und wie viele es waren! Kleine, große, in allen Hautfarben der Welt, mit Haaren von lichtem Blond bis zum tiefsten Schwarz. Sie saßen in einem riesigen Kreis, dicht an dicht, und hielten sich an den Händen. Sie summten gemeinsam eine Melodie – das war die Musik, die ich zuvor gehört hatte.

Doch es waren keine Töne, die von dieser Welt waren! Es war ein Lied, das einen mitten ins Herz traf, und schonungslos enthüllte, was nicht gut war. Diese Melodie löste Schlechtes auf und verwandelte alles, was vorher grau und trostlos gewesen war, in ein Meer von Licht. Und in das Summen mischte sich ein weiterer, reiner Klang, der nichts von menschlichen Stimmen hatte.

Und als ich noch näherkam, sah ich hinter jedem Kind ein Lichtwesen stehen. Eine flirrende Wand aus Silberglanz, den Kindern den Rücken stärkend. Strahlende Gestalten, hoch aufgerichtet, und die reinen Töne schienen direkt ihren Augen zu entströmen. Wie eine Welle aus Licht rollte dieser wunderbare Klang auf mich zu, vermischt mit reinen Kinderstimmen, die in allen Sprachen der Welt sangen. Die ganze Komposition war eher Licht und Freude als Musik, wie wir sie kennen. Anders kann ich es nicht beschreiben, die Luft war erfüllt mit reiner Freude, die meine Sinne und mein Herz tief berührte. Und diese Klangwelt erschütterte nicht nur mich selbst, sondern erreichte auch den tobenden Planeten!

Sie umhüllte ihn, sie streichelte seine schmerzenden Wunden, die ihm Habgier und Egoismus der Menschen geschlagen hatten. Sie stärkte seinen geschundenen Körper, indem sie ihm Trost und Kraft sandte. Und sie füllte sein gequältes Herz mit dem wertvollsten Geschenk, das uns Menschen gegeben wurde: Mit Hoffnung!

Und schlagartig begriff ich, was geschehen war: Unser Mutterplanet, der Mensch und Tier seit Jahrmillionen großzügig mit Nahrung und seiner wunderbaren Natur beschenkt hat, war im Laufe der letzten Jahrhunderte in einen apokalyptischen Zustand der Verzweiflung geraten. Vom Naturell freigiebig und nährend, musste Mutter Erde mit ansehen, wie wir, ihre geliebten Kinder, sich gegen sie wandten. Das Schlimmste für ein Mutterherz, das im Namen der Liebe mehr Verletzungen einstecken wird, als es ertragen kann! Wehrt es sich nicht, führt es zur Selbstzerstörung. Beim Menschen genauso wie bei der Mutter aller Menschen, unserer Erde.

Einmal hatte sie sich gewehrt, vor Jahrtausenden. Da hatte sie bei den Bewohnern einer kleinen Atlantikinsel Strenge walten lassen und ihrer Ausbeutung ein Ende gesetzt: Sie hatte diese Menschen und ihr Werke, die jene erbarmungslos aus den letzten Ressourcen der Insel errichtet hatten, im Meer versinken lassen. Doch sie hatte zugelassen, dass das Wissen um diese Tat überlebte. Denn sie wollte ihre geliebten Kreaturen kein zweites Mal vernichten müssen! Nachdem Atlantis im Meer versunken war, hatte die Erdenmutter eine Sintflut von Tränen geweint, geweint um die Kinder, die sie liebte und die sie dennoch hatte zerstören müssen. Um selbst überleben zu können!

Ich verstand, dass unser Planet ein fühlendes Herz hat, das so groß ist, dass es ein ganzes Universum umfasst. Dieses Herz brannte vor Trauer, weil die Menschen ihren wunderbaren Planeten, der ihnen doch Heimat ist, wieder und wieder verletzten. Dieses Herz weinte vor Schmerz, weil es keinen anderen Ausweg mehr sah, als seine Erdenkinder vollständig auszulöschen. Doch dieses Erdenherz konnte die eigene Entscheidung nicht ertragen, und die Mutter wollte nicht mehr ohne ihre Kinder leben! Sie wollte sich nicht weiterdrehen, ohne der Menschheit Heimat zu sein, die so viel Potenzial für das Göttliche in sich trägt - und doch das meiste davon für ihren Egoismus verschwendet. Sie wollte sich selbst dem Untergang weihen: Sie würde die verletzte Wut aus ihrem Inneren in die Luft schleudern, würde Mensch und Tier in Rauch und Asche einhüllen, ihnen die Luft zum Atmen nehmen, ihrem Leben ein Ende setzen. Hätte sie erst einmal alles Leben vernichtet, dann würde sie selbst den Gesetzen des Kosmos' trotzen. Sie würde ihre Geschwindigkeit erhöhen, die bekannten Bahnen ihres Weltenlaufs verlassen und der lebendspendenden und gleichzeitig todbringenden Kraft der Sonne entgegenrasen. Diese würde sie mit brennenden Armen empfangen und das von Trauer zerrissene Herz würde in der heißen Glut des großen Himmelsgestirns ein gnädiges Vergessen finden.

Dies alles erkannte ich in meinem Traum und ich fühlte nur wenig Entsetzen darüber, dass die Erdentage für uns Menschen gezählt waren. Doch wie unendlich groß mein Mitgefühl für unseren Planeten war, dem wir Menschen in unserer Selbstbezogenheit es so schlecht gedankt hatten, kann ich nicht in Worten ausdrücken! Mein Herz zog sich vor Mitgefühl zusammen und meine Wangen brannten vor Scham, wusste ich doch genau wie ALLE Menschen es wissen, dass unser Verhalten auf Erden unverzeihlich war!

Wir, die wir uns für die Krone der Schöpfung halten, richten den Blick lieber auf die niederen Momente der bequemen Freuden. Die Rechnung für unseren Egoismus, bezahlt mit den Ressourcen der Natur, legen wir gnadenlos für die nachfolgenden Generationen beiseite. Eine Quittung für unsere Raubzüge lehnen wir unwillig ab, geben vor, die Ausgaben nicht zu verstehen.

Und ich sah, dass auch ich zum Niedergang des Mutterplaneten beitrug. Ich war genauso schuldig wie der Politiker, der riesige Regenwälder abholzen lässt, um seine Taschen zu füllen. Ressourcen verschleudert, die für eine ganze Welt reichen müssen! Ich war schuldig, denn ich wusste davon und hatte nicht protestiert.

Ich war genauso schuldig wie der Bauunternehmer und der Fahrer eines Bulldozers, die Tag für Tag blühende Natur in grauen Asphalt verwandelten. Sei es aus Profitgier, sei es durch eine unbedachte Berufswahl. Ich sah die Zerstörung und tat nichts dagegen.

Vielleicht hatte ich nicht den Auftrag erteilt, nicht selbst den Schlüssel ins Zündschloss gesteckt. Doch ich hatte gesehen, wie Natur von Bequemlichkeit und Technik gierig eingesogen wurde. Hatte gespürt, wie reine Luft mit Giftstoffen menschlichen Habgier geschwängert worden war. Und ich hatte nichts dagegen getan.

Ich war genauso schuldig wie der Bauer, der das Elend der ihm anvertrauten Tiere ignorierte, um mehr Reichtum anzuhäufen. Denn ich habe nicht versucht, ihn zu bekehren. Ich aß, obwohl ich wusste!

Jeder Mensch ist schuldig, der weiß, dass ein Tier wegen uns widernatürlich als ein Es, ein Nahrungsmittel, existieren muss. Unser natürliches Bedürfnis nach Sättigung war nicht der Grund, weshalb ich mich zutiefst schämte. Unser Frevel besteht darin, dass wir den für uns erlittenen Schmerz unwillig ausblenden. Zu sehr stört der Gedanke an Leid unseren kulinarischen Genuss, meinen wir doch, ein verbrieftes Recht auf Glück zu haben. Und jedes Mittel, dies zu erreichen, ist uns recht! Wir nehmen Leid in Kauf, das nicht unseres ist, um unseren Geldbeutel zu schonen. Wir vergelten das Opfer der Tiere nicht dankbar mit einem glücklichen Tierleben, sondern häufen mit ihrem Leid materiellen Reichtum an.

Ich war kein Staatsmann, kein Bauunternehmer und kein Bauer: Und doch hatte ich mich genauso an der Natur versündigt wie alle anderen, auf die ich gerne mit dem Finger gezeigt hatte! Es hatte sich gut angefühlt, auf größere Umweltfrevler hinzuweisen, um von meinen eigenen Taten wider die Natur abzulenken! Denn das schlechte Gewissen nagte sehr wohl in mir. Doch ich hatte mich zu klein, zu unbedeutend gefühlt, ohnmächtig, dem Lauf der Welt mit meinem kleinen Menschenleben etwas entgegenzusetzen.

Dieser Gedanke war grundverkehrt, unbarmherzig, weltenzerstörerisch, dies erkannte ich nun in meinem Traum! Ich verstand nun, dass jedes Menschenleben zählte, und mochte es auch noch so jung sein. Jedes Menschenleben war fähig, Großes zu leisten kann! Jedes einzelne Leben ist in der Lage, einen Unterschied zu machen!

Und trotz meiner Fehler spürte ich, dass Mutter Erde mich immer noch liebte, mit der göttlichen Liebe, die nur eine verzeihende Mutter für ihr zerstörerisches Kind empfinden kann. Dies alles fühlte ich im Traum so deutlich, wie ich deine Hand in meiner spüre. Und ich kann dir nicht sagen, wie groß Scham und Reue waren, die ich dabei empfand!"

Ozean rollten große Tränen über das schmerzverzogene Gesicht und Niam drückte die Hand seines neuen Freundes ganz fest. Der Junge aus dem Osten schluckte und fuhr mit brüchiger Stimme fort:

„So setzten mir die Taten der Menschheit schwer zu. Doch der überirdische Klang in der Luft und das gleißende Licht der Engelswesen waren Balsam für meine Seele, die auf einmal eins wurde mit der Erde! Unser gequältes Herz wurde von Licht, Musik und reinen Gedanken sanft gewiegt und von Seelen getröstet, deren Absichten liebevoll und mitfühlend waren. Und ich war die Erde, die fühlte, dass da noch Hoffnung war!

Ich selbst war der Planet, der neue Weltenkinder sah, die heilen, statt zerstören und lieben, statt ausbeuten wollten. Ihr Wunsch war, ganz werden zu lassen, was Generationen vor ihnen zerstört hatten. Im Traume näherte ich mich dem Kreis der singenden Kinder und sah in ihrer Mitte vier junge Menschen. Und obwohl ich die Szene aus der Luft betrachtete wie ein Adler, wusste ich, dass ich gleichzeitig eines der Menschenkinder dieses inneren Kreises war. Die drei anderen und ich standen Schulter an Schulter, keines von uns erwachsen, aber jedes bereits auf seinem Weg. Eng miteinander verbunden waren wir und blickten in die vier Himmelsrichtungen, aus denen wir kamen:

Der Junge, der zu meiner Rechten stand, hatte die Hände hoch in die Luft und blickte in Richtung Süden: Seine Hände beschrieben konzentrische Kreise. Seine Bewegungen waren ruhig, sein Blick war auf die Kinder und die Lichtwesen gerichtet. Aus seinen Fingerspitzen strömten Silberfäden, die sich wie Rauch auf alles Lebendige zubewegten. Sie umhüllten Mensch und Lichtgestalt und verbanden alles zu einem funkelnden Netzwerk, das Herzen und Gedanken im Gleichklang schwingen ließ.

Mit dem Rücken zu mir, dem Westen zugewandt, stand ein junges Mädchen mit langen, dunklen Locken. Ihre klaren Augen hielt sie auf die Kinder gerichtet, die uns umgaben. Ihre Stimme erfüllte die Luft mit der Melodie, die auch die Kinder sangen, doch bei ihr klang es noch reiner und klarer, so als sei sie der Ursprung des Liedes.

Der Junge zu meiner Linken, der sich gen Norden ausgerichtet hatte, der Älteste von uns, blickte prüfend in den Horizont, suchend, erkennend, verstehend. Aus seinem Mund ertönten Worte, die ihren Weg zu den Singenden fanden. So wie der Junge zu meiner Rechten mit seinen silbernen Fäden alles miteinander verbunden hatte, so vermochte es der Junge zu meiner Linken, die Menschen mit der Kraft seiner Worte zu erreichen. Ich sah seine Worte durch die Luft schweben, wie sie den Kreis der Singenden und die kleine Insel verließen und schließlich, getragen von der himmlischen Melodie, die Welt erreichten.

Der brennende, rasende Planet wurde eingehüllt von einer Wolke aus Klang, Licht und Worten, die ein Versprechen auf ein besseres Morgen in sich trugen. Und ich, der ich Beobachter aus der Luft, Mitglied des inneren Kreises und gleichzeitig das Herz der Erde selbst war, fühlte eine wundersame Verwandlung in mir: meine Wut, mein unendlicher Zorn, war mit einem Mal verraucht!

Und so erloschen im Augenblick eines Wimpernschlages alle Vulkane und Erdspalten, aus denen ich, der ich ja Erdenherz war, Feuer und Magma gesprüht hatte. Lavaströme, die an mir heruntergelaufen waren, wie zähe, glühende Tränen, standen still und erstarrten. Über meine Trauer, die mich in das rasende Tempo gestürzt hatte, das letztendlich zu meinem eigenen Untergang führen würde, hatte sich etwas anderes gelegt: die Hoffnung!

Ich spürte Hoffnung, dass diese Menschenkinder es doch würden besser machen können! Dass sie die Liebe, die ich in ihren Gebeten, Gesängen und den Worten spürte, für eine bessere Zukunft einsetzen würden. Dass ihren ehrlichen Worten großartige Taten folgten. Dass es nicht das Ende meines verzweifelten Daseins wäre, sondern Zeit für eine Erneuerung. Zeit für mich, dem Planeten Erde, neu zu beginnen und meine Natur freigiebiger denn je zu verströmen. Der Gedanke machte mich vor Glück schwindelig. Ich drosselte meinen wilden Kreisel und bewegte mich freudig in die bekannte Bahn zurück, wieder im Gleichgewicht und eins mit den kosmischen Gesetzen.

Und die Insel mit ihrem satten Grün, ihren leuchtenden Blumen und hoch gewachsenen Bäumen, senkte sich wieder auf die Welt. Grün bedeckte den eben noch spuckenden Vulkan,

Wasserfälle umschmeichelten Erdspalten, aus denen gerade noch todbringendes Magma geschleudert worden war. Eine nie dagewesene Ruhe und ein tiefer Frieden hielten Einzug.

Die Lichtwesen lösten sich auf, die Kinder erhoben sich und verließen ihre Gefährten mit einem liebevollen Gruß. Sie kehrten nach Hause zurück. Auch der innere Kreis der Vier ging auseinander. Ich blickte in die Richtung meiner Heimat, nach Osten. Aus der Ferne konnte ich mein Kloster erkennen, das rasend schnell auf mich zuzukommen schien. In Windeseile durchschritt ich im Traum die Bibliothek, öffnete die kleine Kammer, die an sie angrenzt, und ein Buch löste sich aus seinem Regal und fiel zu Boden. Bevor ich mich danach bücken konnte, um es aufzuheben, spürte ich eine Hand auf meiner Schulter: es war der Junge zu meiner Rechten, der Junge aus dem Süden. Das bist du, Niam! Da wusste ich, ich musste das Buch nehmen und als Erstes dich finden!"

Niam atmete geräuschvoll aus. Die Geschichte hatte ihn sehr berührt. Und die Verantwortung, die er selbst nun trug, lastete schwer auf seinen Schultern. Doch er fühlte ein großes Vertrauen in sich aufsteigen, ein Vertrauen in sich und seine Kräfte. Mit einem tiefen Atemzug richtete er sich auf und straffte seine Schultern. Seine Augen leuchteten hell und jeder, der wirklich sehen konnte, hätte das strahlende Feld der Silberfäden erkannt, das ihn und seinen Gefährten einhüllte. Ozean, der das besondere Leuchten zumindest erahnen konnte, senkte dankbar seinen Kopf: war er doch trotz aller Weisheit nur ein Junge, der froh war, einen Freund gefunden zu haben! Einen Begleiter, der ihn bei dem unterstützte, was getan werden musste. Die beiden Jungen schliefen leichten Herzens ein, obwohl das Gefühl der Verantwortung schwer wog.

Am nächsten Tag saßen Ozean und Champa mit Niams Familie am Frühstückstisch, als es klingelte. Niam stand auf und öffnete die Haustür. Davor stand ein junger Mann mit dunklem Haar und feinen Gesichtszügen, der verlegen lächelte.

„Hallo, ich bin Anders! Was ich jetzt sage, wird für dich komisch klingen, aber ich versichere dir, ich bin nicht verrückt! Ich bin einfach jemand, der gelernt hat, seinen eigenen Wahrheiten zu vertrauen!"

Niam lächelte bei diesen Worten.

„Ehrlich gesagt, ich wundere mich über gar nichts mehr!"

Davon ermutigt fuhr der Besucher fort:

„Ich habe mir angewöhnt, auf mein Bauchgefühl zu hören. Was dieses Mal ein bisschen schwieriger war als sonst", er grinste schief, „denn ich musste erst mal meinen Eltern klarmachen, warum ich von einen Tag auf den anderen nach Südafrika fliegen muss! War nicht ganz leicht! Aber hier bin ich! Nenne es Zeichen, nenne es Verrücktheit, aber irgendetwas hat mich hierhergeführt – nur weiß ich leider nicht, warum!"

„Ich schon, ich erkenne dich, Junge aus dem Norden!", sagte eine klare Stimme hinter Niam. Ozean war aufgestanden und ebenfalls an die Haustüre getreten.

„Ich habe von dir geträumt. Du musst uns helfen, wir haben eine gemeinsame Aufgabe!"

Anders nickte ruhig, und trat ein, als gäbe es nichts Selbstverständlicheres auf der Welt.

Niams Eltern begrüßten den jungen Mann freundlich und erlaubten den drei jungen Menschen, sich zurückzuziehen. Sie wunderten sich nicht sonderlich über die ungewöhnlichen Ereignisse, die sich hier abspielten. Sie hatten das Gefühl, dass irgendwie alles so war, wie es offensichtlich sein musste.

Lange saßen die Jungen beisammen und sprachen über Ozeans Traum. In Anders, dem hochgewachsenen, wortgewandten Jungen aus Dänemark, arbeitete es fieberhaft. Auch er nahm die Zeichen des Traumes ernst und versuchte, seine Rolle in Ozeans Traum zu deuten:

„Hm, das hat sicher mit meiner „Berufung" zu tun! Oder meinem Hobby, ganz wie ihr es nennen wollt! Ihr müsst wissen, dass ich schon früh angefangen habe zu schreiben und meine Mitmenschen über Dinge aufzuklären, die bei uns schieflaufen!"

Er lächelte liebevoll bei dem Gedanken an seine Mutter und ihre Geschichte. Seitdem der Vater zurückgekehrt war, war auch ihre Depression vollkommen verschwunden. Doch seine, Anders' Leidenschaft, Dinge zu recherchieren und mutig darüber zu reden und zu schreiben, hatte sich weiterentwickelt.

„Ich bin zwar noch nicht ganz mit der Schule fertig, aber ich arbeite schon als Journalist für einige Magazine und eine größere Tageszeitung. Ich gehöre einem Ring von jugendlichen Journalisten in aller Welt an und wir versuchen mit vereinter Kraft, die Missstände dieser Welt anzuprangern."

Ozeans Gesicht leuchtete auf.

"Dann ist klar, was deine Rolle sein wird! Du wirst die Geschichte des Traums verbreiten und unseren Plan, wie wir die Zerstörung der Erde verhindern wollen. Nur muss uns dazu erst einmal was einfallen! Aber das wird es schon noch tun, schließlich haben wir drei uns auch schon gefunden! Zusammen schaffen wir das!"

Erleichtert lehnte er sich zurück und faltete die Hände. Demütig schickte er ein Dankgebet an das Universum, das ihm so schnell und präzise half, seinen Traum, den Traum eines Kindes, wahr werden zu lassen.

Er fühlte sich im Reinen, im Gleichgewicht. Er kannte seinen Weg und seine Bestimmung und folgte ihnen mit den Kräften, die ihm zur Verfügung standen. Und das Universum schien ihm Tür und Tor zu öffnen. Wieviel Gutes war ihm in den letzten 48 Stunden widerfahren! Zwei Tage nach dem bedrückenden Traum, der gleichzeitig so viel Anlass zur Hoffnung bot, hatte er den Jungen aus dem Norden gefunden, der die Menschen mit Worten erreichen konnte. Ebenso den Jungen aus dem Süden, der die besondere Gabe besaß, alles, was um ihn war, miteinander zu verbinden. Er lachte seine beiden Mitstreiter freudig an.

„Jetzt fehlt uns nur noch unsere Stimme!"

Die drei neuen Freunde verließen Niams Zimmer und sahen seinen Großvater im Wohnzimmer sitzen, der mit verklärten Augen auf den Bildschirm starrte.

„Das ist Soraya, ihr kennt sie natürlich. Das ist Großvaters große Liebe, natürlich nach meiner Großmutter!", gluckste Niam.

„Er liebt ihre Musik und wenn sie im Fernsehen auftritt, dann verpasst er nicht eine Sekunde ihres Auftritts! Er sagt, dass sie ihm direkt ins Herz singt, obwohl sie doch erst 16 ist!", meinte er darauf etwas nachdenklicher.

Dann sah er seinen Großvater liebevoll an, der mit verklärtem Gesicht dem schönen, jungen Mädchen mit den schwarzen Locken lauschte. Er drehte sich zu seinen neuen Freunden um und sah zu seinem Erstaunen, dass Ozean wie angewurzelt auf die Singende starrte.

„Sag' mal, bist du ein noch größerer Anhänger als Niams Großvater?", frotzelte Anders.

Ozean löste sich aus seiner Erstarrung und wandte sich langsam seinen Freunden zu.

„Wir haben unsere Stimme gefunden! Soraya ist das Mädchen aus dem Westen aus meinem Traum. Champa? Wir müssen noch heute nach Amerika!"

24 Stunden später saßen Ozean und Champa in einer luxuriösen Unterkunft und warteten darauf, bei der großen Sängerin Soraya vorgelassen zu werden. Seine neu gefundenen Freunde waren in Niams Heimat geblieben. Eigentlich war es unmöglich, in so kurzer Zeit von dem berühmten Star empfangen zu werden, dessen Name überall auf der Welt bekannt war. Ihr Manager und väterlicher Freund Frank schirmte sie schützend vor der Außenwelt ab. Doch als

erfahrener Berater wusste er jede Gelegenheit zu nutzen, die ihre Bekanntheit steigerte. Und als Champa ihm den Besuch des zukünftigen Dalai Lama antrug, hatte er Soraya geraten, diesem Treffen zuzustimmen.

„Stell' dir vor, was die Medien schreiben werden: `Dalai Lama besucht Lieblingssängerin´!", hatte er mit glänzenden Augen fabuliert.

„Soraya, das ist eine super PR-Geschichte!"

Soraya sah ihn interessiert an. Obwohl sie in jungen Jahren schon so große Erfolge feierte, war sie bescheiden geblieben. Sie war weniger an ihrem Ruhm als an der Persönlichkeit des Dalai Lama interessiert und willigte gern ein.

„Ok, von mir aus können wir ihn gleich morgen treffen!"

Und so kam es, dass am nächsten Tag der junge Mönch Ozean die Sängerin mit der großen Stimme traf. Er erzählte ihr von seinem Traum. Champa und Frank saßen ebenfalls daneben, als er ihr davon berichtete. Eindringlich schilderte er den verzweifelten Zustand ihres Planeten und erklärte die Aufgabe, die ihnen, den vier jungen Menschenkindern, zugedacht war.

Als er geendet hatte, legte Champa ergriffen seine Hand auf die Schulter des Jungen. Tränen standen in seinen Augen.

Ozean sah in Sorayas Augen, dass er ihr Herz erreicht hatte. Sie wandte sich an ihren Freund und Manager:

„Frank, wann können wir fliegen und die anderen kennenlernen?"

Ozean hatte ihnen auch beschrieben, wie er seine beiden anderen Mitstreiter gefunden hatte. Beziehungsweise sie ihn. Soraya war unsicher, weil sie wusste sie, dass ihr Terminkalender gut gefüllt war. Sie fürchtete, dass Frank sie überreden wollte, ihre Termine alle einzuhalten. Dann gäbe es in den nächsten Wochen keine Lücke für einen Flug nach Afrika. Doch sie sollte sich täuschen. Zu ihrer Überraschung meinte dieser:

„Gestern Abend habe ich eine Doku über unseren Planeten gesehen. Astrophysiker haben erkannt, dass sich die Erdrotation beschleunigt. Zuerst waren es nur Bruchteile von Sekunden, doch mittlerweile sind es sogar Minuten! Die Umdrehung wird zunehmend höher und ein Tag ist nun kürzer als noch im letzten Jahrhundert! Was das für Folgen für uns im Sonnensystem hat, weiß niemand ganz genau. Doch die Wissenschaftler betrachten dieses Phänomen mit großer Besorgnis!"

Auch Champa war sehr ernst, als er nun sprach:

„Heute Morgen habe ich gehört, dass zwei Vulkane ausgebrochen sind, beide seit Jahrtausenden erloschen! Beide zum gleichen Zeitpunkt und mit großer Wucht, die Menschen werden in Massen evakuiert!"

Ozean und Soraya sahen sich an, und das junge Mädchen presste vor Aufregung seine Nägel in die Handflächen. Sie musste den Jungen begleiten, musste helfen, die Zerstörung der Erde aufzuhalten. Bittend blickte sie auf Frank. Dieser nickte langsam. Wieder einmal vertraute auch er einer inneren Stimme.

„Wir gehen, Soraya! Und ihr tut, was zu tun ist! Euch bleibt nicht mehr viel Zeit!"

Soraya flog mit Frank, Ozean und Champa nach Kapstadt. Dort lernte sie Niam, seine Familie und natürlich Anders kennen. Die vier verkrochen sich schnellstmöglich in Niams kleinem Zimmer. Sie kauerten sich auf dem Boden zusammen, als Ozean behutsam das alte Bündel auswickelte, das er die ganze Zeit mit sich herumgetragen hatte.

Anders riss seine braunen Augen auf:

„Ist das …?"

Die Frage blieb in der Luft hängen. Ozean nickte bedächtig. Die anderen starrten ehrfürchtig auf das Buch, das Wissen aus alten Tagen mit ihnen teilen würde. Es existierte tatsächlich!

Der orangefarbene Stein in dem Einband aus altem, brüchigem Leder leuchtete ihnen entgegen.

„Ein Sonnenstein, auch Glücksstein genannt, der Selbstzweifel beseitigt, die Intuition schärft und neue Wege aufzeigt. Der Sage nach nutzten ihn die Wikinger bereits für die Navigation ihrer Schiffe", erklärte Ozean und streichelte den edlen Stein. Darüber konnte man tatsächlich das Abbild einer Sonne ausmachen, mit scharfem Werkzeug tief ins Leder geritzt. Die Schrift auf dem Einband war verblasst, die Buchstaben waren den Kindern unbekannt.

„Das Wissen von Atlantis!", sagte Ozean leise. Seine Stimme klang heiser und schluckte ein paar Mal.

„Ist das sein Titel?", fragte Soraya mit angehaltenem Atem.

Der junge Mönch aus dem Osten nickte.

„Kannst du diese Schrift denn lesen?", fragte Niam, auch er ganz im Bann des ehrwürdigen Buches, das ein besonderes Licht auszustrahlen schien.

„Nein, zumindest nicht in diesem Leben! Aber vor Jahrhunderten gab es noch Menschen, die es konnten. Vielleicht gehörte ich selbst sogar zu denjenigen, die es seinerzeit in eine unserer Sprachen übertragen haben. Wir kennen nicht alle Begebenheiten aus unseren früheren Leben.", erklärte der Junge, dessen Kutte im gleichen Orange strahlte wie der Sonnenstein. Er zuckte dabei die Achseln.

„Sie könnten uns von der Bestimmung in diesem Leben, im Jetzt und Hier ablenken! Doch zu unserem Glück haben die Übersetzer seinerzeit die Übertragung in unsere Sprache auf einzelnen Buchseiten festgehalten, die sie den jeweiligen Stellen im Buch beigefügt haben. Von ihnen wissen wir auch etwas über die Geschichte des Buches:

Verfasst wurde es auf einer riesigen Insel namens Atlantis, auf der ein Volk lebte, das in Sachen Technik und Erfindung sogar der Menschheit von heute teilweise voraus war. Sie beuteten ihre Insel mehr und mehr aus und ordneten das Leben von Tieren und die Natur ihren teilweise verrückten Ideen unter. Ihre Errungenschaften und Erfindungen trugen sie stolz im „Wissen von Atlantis" zusammen. Doch die Erde konnte den Raub an den Schätzen der Natur nicht verzeihen! Sie schickte ihnen Vulkanausbrüche, Erdbeben und eine riesige Flutkatastrophe. So versanken Teile oder vielleicht sogar das ganze riesige Reich der Atlanter mit all seinen Erfindungen in den Fluten des Meeres.

Ob heute noch Reste der Insel existieren, weiß niemand so genau. Doch überliefert ist, dass ein Junge namens Ìllon das Buch vor dem Wüten der Erde gerettet hat und mit ihm wohlbehalten das Festland erreichte. Auch weitere Kinder konnten von der Insel fliehen und schlossen sich Ìllon an, der die Geschichte Atlantis' fortschrieb. Er wollte für die Nachwelt festhalten, was damals in Atlantis geschehen war. Er wollte, dass wir niemals vergessen würden, was Mutter Erde angetan worden war – und wie grausam sie sich dafür gerächt hat!

Er und die geretteten Kinder von Atlantis blieben in Demut und Dankbarkeit mit der Natur verbunden, ehrten ihre Gaben und lebten in vollkommenem Einklang mit ihrer Umwelt. Und als sie erwachsen geworden waren, zogen sie in alle vier Himmelsrichtungen aus, um andere Völker zu lehren, den furchtbaren Fehler der Atlanter nicht zu wiederholen. Daher findet sich in alten Geschichten der unterschiedlichen Kulturen viel Weisheit aus dieser Zeit, die sich in Religionen und Weltanschauungen bis heute gehalten haben. Nur scheint diese Weisheit der Menschheit heute weniger präsent als jemals zuvor zu sein."

Die drei jungen Menschen hingen an Ozeans Lippen, der eine natürliche Begabung für die Kunst des Erzählens hatte. Dann öffnete er das Buch, blätterte Seite für Seite um und las die Übersetzung vor: Sie hörten von den großartigen Erfindungen, von den technischen Errungenschaften, die kluge Atlanter konstruiert hatten. Doch auch von der Zerstörung der

Natur konnte der Junge aus dem Osten zwischen den Zeilen lesen. Für die Atlanter in ihrer Gier nach Anerkennung war die Zerstörung der Natur eher ein lästiges Nebenprodukt, das es mit neuen Erfindungen in kontrollierbare Bahnen zu lenken galt. Als er an die Stelle kam, die Ìllon später hinzugefügt hatte, lauschten sie gebannt:

Wie er sich mit der Erde verbunden hatte und dadurch von ihr gerettet worden war. Wie sich die überlebenden Kinder später geschworen hatten, den Fehler ihrer Vorfahren niemals zu wiederholen und wie sie in alle Welt ausgezogen waren, um davon zu erzählen. Und dass er, Ìllon, sich fest vorgenommen hatte, das gesamte Wissen um das Leben und den Untergang der Atlanter nur im Geheimen und nur an vertrauenswürdige Menschen weiterzugeben. Denn er fürchtete, die darin verzeichneten Erfindungen könnten bei Nachahmung einen erneuten Zyklus der Zerstörung in Gang setzen. Gleichzeitig wollte er das Buch, das mit seinem zerstörerischen Potential Mahner, aber auch Retter zugleich war, für die Nachwelt bewahren.

„Und so wurde dieses alte Buch im Untergrund von schützender Hand zu schützender Hand weitergegeben und gelangte schließlich in unser Kloster, wo es in einem geheimen Teil unserer Bibliothek unter Verschluss gehalten wird", schloss Ozean seine Lesung.

Er räusperte sich, seine Stimme klang rau von den vielen Worten, die gesagt worden waren. Er sah die anderen drei erwartungsvoll an. Eine Weile herrschte vollkommenes Schweigen.

„Es ist unglaublich!", hauchte Soraya schließlich. „Es ist genau dasselbe wie in deinem Traum! Kinder, die sich mit der Erde verbinden, um den Planeten zu besänftigen!"

„Es ist noch viel mehr als das!", meinte Anders, auch er ergriffen von dem eben Gehörten.

„Es ist ganz genau dasselbe, was heute in unserer Welt passiert. Wir Menschen zerstören sämtliche Natur um uns herum, um ein Leben in Bequemlichkeit und Luxus zu führen. Doch beides haben so viele von uns bereits im Überfluss! Anstatt uns auf das kleine Glück zu besinnen, geht es uns um Macht und Reichtum, um Anerkennung und Besitz. Die ganze Erde heute ist Atlantis und so wie damals wird etwas Schlimmes geschehen, wenn die Menschheit nicht von ihrem Wahn abgebracht wird!"

Soraya erschauderte, als sie Anders sprechen hörte. Er, der Junge aus dem Norden, redete mit einem flammenden Eifer, der seine jugendlichen Wangen rot glühen ließ. Dann wurde er auf einmal still. Er dachte nach.

„Anders?"

Er blickte wieder auf, seine Gedanken schienen aus weiter Ferne zu ihnen zurückzukommen.

„Wisst ihr was? Das Unglaublichste daran ist, dass ich als Kind ein Buch hatte, in dem genau diese Geschichte erzählt wurde! Die Geschichte von Illon und wie er sich retten konnte!"

„Ich kenne diese Geschichte auch!", flüsterte Soraya. „Sie ist aus dem Buch „Der kleine Komet"!

„Das Buch kenne ich auch!", meinte Niam überrascht.

„Mein Großvater hat es mir letztes Jahr geschenkt." Er blickte etwas verlegen in die Runde und meinte fast trotzig:

„Wir wussten schon, dass es für Jüngere geschrieben wurde, und trotzdem hat es uns Spaß gemacht, immer mal wieder darin zu lesen!"

„Sogar bei uns in Indien kennen die Kinder dieses Buch! Auch ich habe die Geschichten daraus gehört, auch die von Atlantis! Doch bis zu diesem Zeitpunkt habe ich nicht daran gedacht!", meinte Ozean.

„Was für ein unglaublicher Zufall!", rief Soraya.

Ozean schüttelte den Kopf.

„Ich glaube nicht an Zufälle. Ich glaube, alles hat irgendwo eine tiefere Bedeutung. Und dass Wissen und Wahrheit in einem Kinderbuch versteckt werden, wundert mich nicht! Wer, wenn nicht die Kinder, sind denn in der Lage, diese Wahrheiten zu erkennen, die man mit dem Herzen und nicht mit Verstand begreifen muss?"

Niam hob den Kopf. In seinen Augen schimmerte es feucht.

„Und wir vier sind diejenigen, die den Kindern die Wahrheit sagen werden. Sie aufwecken! Und die Menschheit in ihrem zerstörerischen Tun aufhalten! Wir sind diejenigen, bei denen die Fäden zusammenlaufen, die alles miteinander verbinden sollen. Wir sind die Kinder von Atlantis, die gelernt haben!"

Ozean drückte die Hand seines Freundes und nickte:

„Wir müssen den Planeten davon überzeugen, dass es noch Hoffnung für uns und für ihn gibt! Dass da Menschenkinder sind, die einen feierlichen Eid schwören, dass sie die Natur bewahren und ihren eigenen Egoismus dafür zurückstellen werden. Zu den Erwachsenen, die in ihren Strukturen und dem Alltag zu sehr gefangen sind, dringt man nur schwer vor. Doch ihren eigenen Kindern hören sie vielleicht zu! Lasst uns die Kinder der Welt erreichen!"

Anders warf einen raschen Blick auf sein Smartphone, das vibriert hatte. Er sah die anderen an:

„Und lasst uns das schnell tun! Es sind zwei weitere Vulkane ausgebrochen. Der Kampf ums Überleben hat begonnen!"

Alle vier wussten, was sie zu tun hatten. Schnell war ihr Plan gemacht. Sie wollten am 22. April, dem Tag der Erde, die Kinder in aller Herren Länder aufrufen, gemeinsam für den Planeten zu singen und ihm Gedanken der Heilung zu schicken. Bis dahin blieb ihnen nicht mehr viel Zeit, gerade einmal 12 Tage! Sie hofften, dass sie es schaffen würden, genügend Weltenkinder zu erreichen. Denn sie wussten, dass die

Schädigung der Natur derart gigantische Ausmaße erreicht hatte, dass nur eine Handvoll reumütiger Kinder nicht ausreichen würde!

Ozean nutzte seinen Bekanntheitsgrad und sprach in Medien und Vorträgen von seinem Traum und ihrem gemeinsamen Plan. Er übersah das milde Lächeln seiner erwachsenen Gesprächspartner, die seine Worte oft genug abschätzig als Fantasterei eines Kindes abtaten. Doch manchmal erntete er zumindest einen nachdenklichen Blick und freute sich darüber.

Soraya sang weiterhin vor Tausenden von Menschen und sprach bei jedem ihrer Auftritte von Atlantis. Sie gab Interviews, in denen sie von der großen Verantwortung sprach, die alle Erdenkinder gemeinsam trugen. Sie blieb unbeirrt, wenn die Medien sie als weltfremd und sonderlich verspotteten. Oder das Ganze für einen PR-Gag hielten. Das Mädchen aus dem Westen schrieb ein Lied, das ein Aufruf an alle Menschen war, die Natur zu schützen, dem Planeten zu helfen. Dieses Lied war so mitreißend, dass man nicht umhinkam, es ständig zu singen oder zu summen. Ohrwürmer krochen sich in verbohrte Ohren, die mit der Botschaft nichts anfangen, sie aber auch nicht mehr ignorieren konnten.

Anders zog alle Register seines journalistischen Könnens. Er schrieb aufrüttelnde Botschaften und verbreitete sie über die sozialen Medien. Er drehte Videoclips für Tiktok, teilte selbstgesprochene Podcasts und schrieb entsprechende Storys auf seinen Kanälen. Er speiste alles in sein internationales Netz aus Jung-Journalisten. Diese übersetzten die Beiträge oder erstellten deren Inhalt neu, auf ihre Weise, an Land und Kultur angepasst. Dann verbreiteten sie diese in ihrer Heimat. Sie alle gaben das Wissen von Atlantis weiter und forderten ihre Leser, Hörer und Follower auf, am 22. April dabei zu sein, wenn sie alle für die Bewahrung der Natur und die Rettung ihres

Planeten zusammenkommen würden. Mit Hilfe der Geschichte aus dem „kleinen Kometen" verpackte Anders die Botschaft so, dass sie auch die Jüngeren verstanden. So verbreiteten sich seine Worte wie Lauffeuer und fanden ihren Weg zu den Kindern in aller Welt.

Den Erwachsenen lieferte er Informationen, doch verwies man den Zusammenhang zwischen den Naturkatastrophen und Ozeans Traum in den Bereich der Fiktion. Die Kinder jedoch verstanden sehr gut, wo Märchen anfingen und wo sie grausame Wirklichkeit wurden.

Viele Erwachsene hingegen arbeiteten sich an wilden Verschwörungstheorien für die auftretenden Naturereignisse ab, kruder und unglaubwürdiger als jedes Kindermärchen. Doch diese konnten sie glauben, auch wenn ihnen jede faktische Grundlage fehlte! Da die Wissenschaftler in Panik gerieten, weil sich keiner von ihnen einen fundierten Reim auf die zahlreichen Vulkanausbrüche und die beschleunigte Erdrotation machen konnte, suchten die Menschen nach eigenen Erklärungen. Wenn Angst am Steuer sitzt, braucht der Mensch Geschichten in schwarz und weiß, um das Böse zu identifizieren. Schuldige, auf die sie anklagend mit dem Finger zeigten und die man zur Rechenschaft ziehen konnte. Der Mensch braucht Erklärungen, braucht Gründe für Unerklärliches! Nichts ängstigt ihn mehr als Unverstand und Kontrollverlust. Verschwörungstheorien schienen plausibel, eine verletzte Erdenseele lächerlich, kindlich. Auf das Eine stürzten sie sich mit der Wut der Hilflosen, das Andere blendeten sie aus.

Sieben Vulkane brannten inzwischen, und niemand verstand die Zusammenhänge. Und so glaubten sie gern erfundene Geschichten von mächtigen, bösen Menschen, die mit ausgeklügelter Technik Vulkane entzündeten, um die Weltherrschaft an sich zu reißen. Dies passte besser in ihr Weltbild als eine Erde, die zürnte.

Auch die steigende Geschwindigkeit der Erdumdrehung verstörte die Menschen zutiefst. Trotz aller technischen Errungenschaften wusste niemand, wie man die Rotation der Erde wieder verlangsamen konnte. Auch hier kursierten Schreckensgeschichten von menschengemachten Explosionen im Erdinneren: die Einen gaben die Schuld einer verrückten Gruppe von Menschenhassern, die Anderen glaubten auch hier wieder an eine Vereinigung mächtiger Männer, die eine neue Weltherrschaft auf dem Fundament der Angst errichten wollten.

Niam bekam weder viel von den Aktivitäten seiner Freunde mit, noch hörte er von den Verschwörungstheorien, die verstörte Menschen formulierten. Er blieb in den Tagen, in denen seine Freunde um die halbe Welt reisten, zuhause bei seiner Familie. Er besaß nicht die Bekanntheit von Ozean oder Soraya oder die Begabung für die richtigen Worte wie Anders. Doch auch er hatte seine Aufgabe bei dieser Mission: Mit seiner Fähigkeit, Sichtbares und Unsichtbares miteinander zu verbinden, nutzte er die Kraft seiner silberfarbenen Fäden. Während seine Freunde Augen und Ohren erreichten, verband er sich nach und nach mit den Herzen, um den Weg für ihre gemeinsame Botschaft zu bereiten.

Die Medien berichteten nur noch von Schreckensszenarien, von dem, was der Ausbruch der inzwischen sieben brennenden Vulkane für Folgen hatte: Flugzeuge starteten nicht mehr, der gesamte Flugverkehr weltweit war eingestellt worden, zu sehr verhinderten Aschewolken gefahrlose Flüge. Menschen flüchteten, maskentragend, um sich vor der belasteten Luft zu schützen, Krankenhäuser füllten sich. Vor allem Ältere, kleine Kinder oder Kranke kämpften, damit ihre Lungen dem Ansturm von Asche und Ruß nicht unterlagen.

Unseriöse Medien und angstschürende Bots machten Vulkanfeuer höher, fließende Magma heißer und verdreifachten die Anzahl der Kranken und Sterbenden. Zu schön waren die wachsenden Auflagen und die angestrebten Manipulationen, wenn die Zahlen und die Ängste der Menschen ins Unermessliche wuchsen!

Viele versuchten tapfer, den Anschein von Normalität aufrecht zu halten, versuchten ihren Pflichten für Beruf und Familie nachzukommen. Die wachsende Gefahr blendeten sie aus, um weiterhin Momente des Friedens erleben zu können. Vielleicht hätten sie gehandelt, wenn sie verstanden hätten. Doch gewohnt zu funktionieren, sahen sie nur die Oberfläche, und ließen sich von den Schauergeschichten mitreißen. Sie nahmen sich nicht die Zeit, dem Wesen der Dinge auf den Grund zu gehen. Die Idee, sich am Tag der Erde mit dem Planeten zu verbinden, belächelten sie und zeigten sich höchstens verwundert, dass Berühmtheiten wie der Dalai Lama oder Soraya sich dafür einsetzten. Doch man sprach darüber und so kam es, dass der Aufruf zu diesem besonderen Tag mehr und mehr Kinder auf der ganzen Welt erreichte.

Vielleicht lag es daran, dass diese erst wenige Lebensjahre von ihrer Geburt trennten, dem Übergang vom Ursprung des Göttlichen zum Leben: Die Nachricht traf auf bereitwillige Kinderseelen. Diese gaben die Botschaft an die Erwachsenen weiter, mit einer Ernsthaftigkeit, einer Eindringlichkeit, die das großmütige Lächeln der Älteren oft genug in Nachdenklichkeit verwandelte.

Als der Tag der Erde kam, tauschten sich unsere vier Botschafter Ozean, Niam, Anders und Soraya ein letztes Mal über die sozialen Medien aus. So nah waren sie einander in den letzten Wochen gekommen, hatten Schulter an Schulter gekämpft, auch wenn sie sich selten im selben Land befunden hatten. Doch jetzt waren sie alle in ihre Heimat zurückgekehrt, bzw. hatten diese, wie in Niams Fall, gar nicht verlassen.

Anders verschickte den letzten Aufruf über Kontakte, die sich inzwischen verhundertfacht hatten. Alle sollten sich zu möglichst naturbelassenen Plätzen begeben. Dann ging er selbst in den Frederiks Have von Kopenhagen, einem wunderschönen Park mit großen Rasenflächen und vielen Wasserläufen. Seine Eltern waren an seiner Seite, ebenso Mads, Dagny und Erlana sowie weitere Klassenkameraden. Sie alle hatten ihn in die Hauptstadt begleitet! Mors war nicht gekommen. Aber viele andere Landsleute hatten sich seine Botschaft zu Herzen genommen hatten und waren erschienen. In Dänemark war es vier Uhr nachmittags. Das war der Zeitpunkt, auf den sich die vier jungen Menschen verständigt hatten.

Niam befand sich in Südafrika in der gleichen Zeitzone und saß am Nachmittag des Tages der Erde am Bloubergstrand, den Blick auf das weite Meer gerichtet. Der Tafelberg ragte majestätisch in das klare Blau des Himmels. Omphile, Lubanzi, Imani und viele Freunde begleiteten ihn. Ihnen folgten zahllose Menschen, magisch angezogen von dem Jungen, dessen besondere Ausstrahlung viele von ihnen spüren konnten.

Ozean hatte die Anhänger seines Glaubens in allen Ländern der Erde zum gemeinsamen Gebet aufgerufen. Viele hatten eine Art Pilgerreise nach Dharamsala angetreten, dem Ort in den indischen Bergen, in denen sich das Kloster der buddhistischen Mönche befand. Seine Anhänger hatten keinen Zweifel an seiner Botschaft. Mönche in farbigen Gewändern bevölkerten zusammen mit Tausenden von Gläubigen die Straßen nach Dharamsala, ein menschliches Band des Vertrauens und der Liebe.

Dharamsala, was übersetzt „Haus des Dharmas" heißt, schien der ideale Ort für diesen Moment zu sein, diesem Moment, in dem sie alle einer besonderen moralischen Verpflichtung nachkommen wollten. Dementsprechend empfingen die Einwohner die zahlreichen Gäste mit offenen Armen und man setzte sich zum gemeinsamen Gebet auf Wiesen, in Gärten und auf öffentlichen Plätzen zusammen. Bei ihnen war die Sonne bereits untergegangen und so sorgten Lampions und Kerzen für eine besondere Stimmung.

Auch in Tibet, der früheren Heimat der Dalai Lama, annektiert von einer Weltmacht mit wenig Sinn für das Individuum, trotzten die Gläubigen ihren Unterdrückern und fanden sich zur gleichen Zeit an den verschiedensten Plätzen zum Gebet ein. Auch hier konnte man in den großen Menschenmengen die farbigen Tupfer der Mönchsgewänder ausmachen.

In Sorayas Wahlheimat New York warteten bereits Tausende von Anhängern auf die junge und doch schon so bekannte Sängerin. Frank hatte eine Auftrittsgenehmigung für den Central Park eingeholt und alle Vorbereitungen für ein Freiluft-Konzert getroffen. Bei ihnen war es morgens und obwohl die Kinder in der Schule hätten sein sollen, strömten sie massenweise in den Park. Manche, ohne dass die Eltern davon wussten. Andere hatten den schwereren Weg gewählt und den Erwachsenen dafür die Erlaubnis abgerungen. Vielfach brachten die Kinder sogar ihre Eltern mit. Diese waren beeindruckt, dass die Jugend davon überzeugt war, einer heiligen Pflicht nachkommen zu müssen.

Auch Nilofar hatte sich dem Ruf ihrer Cousine nicht entziehen wollen und ihre Familie dazu überredet, Sorayas Aufruf zu folgen. Onkel Amon hielt im Laden die Stellung, doch Tante Sahar, Nilofars Brüder und ihre Schwägerin begleiteten sie an den Strand des Lake Michigan, um dort über Radio dem Konzert zu folgen. Sie trafen dort auf viele Familien, die den gleichen Gedanken gehabt hatten.

Überall auf der Welt kamen die Menschen, insbesondere die Kinder, zusammen - nicht nur dort, wo Anders, Niam, Ozean oder Soraya anwesend waren. Weltweit war die Botschaft verbreitet worden, dass man kollektiv für Unachtsamkeit, Raubbau und Zerstörung der Erde um Verzeihung bitten wollte.

So vereinten sich zum erwählten Zeitpunkt die vier Himmelsrichtungen der Erde mit Tag und Nacht, und eine gespenstische Stille senkte sich auf Plätze und Wiesen, auf Land und Wasser.

Soraya stand auf einer kleinen Bühne und stimmte mit zarter, flehender Stimme ein Lied an, das sie für genau diesen Augenblick geschrieben hatte. Es erzählte davon, was sie alle ihrem Planeten angetan hatten, und erfüllte die hörenden Herzen mit Reue und Mitgefühl. Dank Franks unermüdlicher Vorbereitungen war dieses Lied nun in vielen Teilen der Welt zu hören, wo immer die Sender es zum verabredeten Zeitpunkt spielten.

Doch auch dort, wo Soraya nicht zu hören war, verbanden sich die Kinder mit der Erde, wie sie es in den zahlreichen Berichten gehört hatten. Viele spürten eine Kraft hinter sich, die sie bei ihrem Tun und Fühlen unterstützte. Manche glaubten sogar den Lichtschimmer von Himmelswesen wahrzunehmen. Einige wenige Kinder, die erkennen konnten, was alltagsmüde Augen nicht erfassten, sahen Silberfäden, die sie alle miteinander verbanden. Doch auch Erwachsene gab es, die mit reinem Herz mehr sahen, als der Verstand ihnen zu sehen auftrug.

Sorayas Stimme schwebte vielerorts in der Luft. Anders' Worte, vervielfacht in alle Welt, hallten in den Köpfen. Licht und Silberfäden umgaben die betenden und singenden Kinder mit ihren Begleitern.

Ozean war in eine tiefe Meditation versunken, die Außenwelt nahm er nicht mehr wahr. Fast wie ein Schlag durchzuckte es ihn, als er schließlich, wie Jahrtausende vor ihm Ìllon auf Atlantis, die Verzweiflung der Erde spürte. So stark war der Schmerz, so intensiv die Trauer, dass der Junge sich krümmte, um das Gefühlte ertragen zu können. Und als hätte er in diesem Moment eine Tür aufgestoßen und das Innere des Mutterplaneten ihm Zugang gewährt, stürmten und strömten Millionen von mitfühlenden Menschenkindern ihm nach.

Sie alle spürten jetzt die Qual, die Mutter Erde seit so langer Zeit hatte ertragen müssen! Sie fühlten das beißende Brennen der Wunden, die sie sich jetzt selbst zugefügt hatte, die wut-

und feuerspeienden Vulkane des Planeten. Sie wurden der Geschwindigkeit gewahr, mit der sich die Erde selbst ins Verderben stürzen wollte. So mit der Quelle ihres Lebens verbunden, erkannten sie die Ungeheuerlichkeit, mit der sich der Mensch als Krönung der Schöpfung feierte und sich Natur und Tier untertan gemacht hatte. Sahen, dass der selbstgefällige „Sapiens" nicht weise war, zerstörte er doch sehenden Auges die eigene Lebensgrundlage.

Die Kinder und viele der Erwachsenen, die Ozean zum Herz der Erde gefolgt waren, waren bis in ihre Grundfesten erschüttert, als sie nicht mehr nur sahen und wussten, sondern endlich fühlten! Tränen flossen, tausendfach, in allen Winkeln der Erde, geweint von fassungslosen Weltenkindern. Die salzigen Tropfen des Mitgefühls benetzten und kühlten die Erde, die von innen brannte. Fast vermeinten sie, den Planeten ein wenig aufatmen zu hören, so wohl tat ihr die Aufmerksamkeit und die Erkenntnis ihrer geliebten Erdenkinder. Ströme des Mitgefühls streichelten die geschundene Seele des Planeten.

Alle waren sie nun eins mit ihrer Heimat, der Mutter, die jedes Leben auf Erden schenkte und wieder einfordern konnte. Sie spürten den heilsamen Balsam ihrer eigenen Stimmen, der sich auf klaffende Wunden legte und sie mit Liebe verschloss. Alle mitfühlenden Wesen, verwoben und verbunden mit der Erde, empfanden auf einmal einen tiefen Frieden, der im Mutterherz Einzug hielt. Die rasende Rotation, der zerstörerische Ritt um sich selbst, verlangsamte sich und der gewohnte Rhythmus besserer Tage hielt Einzug im tiefsten Inneren. Der brodelnde Zorn fiel in sich zusammen, gestreichelt von der Liebe Abertausender. Lange Zeit verharrten sie in diesem innigen Miteinander, die Erdenmutter und ihre Geschöpfe.

Irgendwann spürten die Weltenkinder, dass getan war, was getan werden musste. Lichtwesen nahmen ihre Präsenz zurück und waren Menschen wieder im Verborgenen von

Nutzen. Die Silberfäden hatten an Kraft gewonnen, hatten sie doch so viel Mensch und Natur verbunden wie nie zuvor! Und die Menschen, die einmal diese verbindende Kraft hatten spüren dürfen, würden dieses Erlebnis gut in ihrem Herzen bewahren, das in ihnen die Aufgeschlossenheit für die „besonderen Dinge" in der Zukunft schuf.

Reporter berichteten aufgeregt von den Ereignissen, die sich in allen Teilen der Welt zugetragen hatten: Dass Vulkane mit einem Mal erloschen seien, die nur Minuten zuvor noch kilometerhohe Fontänen des Grauens in den Himmel geschleudert hatten. Dass die Erdbewegung sich wieder auf das gewohnte Maß reduziert hatte. Und dass all dies genau in dem Moment geschehen war, als sich Millionen von Kinderseelen mit Mutter Erde vereint hatten. Die Medien zweifelten nun nicht mehr an der Botschaft, die Ozean, Anders, Soraya und auch Niam auf seine Weise ausgesandt hatten.

Ozean aus dem Osten, Niam aus dem Süden, Anders aus dem Norden und Soraya aus dem Westen blieben noch lange in sich versunken. Sie spürten unendliche Dankbarkeit dafür, dass sie Vier es gewesen waren, die den inneren Kreis zur Weltenrettung hatten bilden dürfen. Diese Vier, wenn auch durch Meere und Kontinente getrennt, spürten die Anwesenheit der anderen drei, die mit ihnen gekämpft hatten. Sie umarmten sich mit der Energie ihrer Herzen und wussten, dass die Welt in Zukunft eine andere sein würde: eine bessere!

Liebe Leser*innen,

ich hoffe, es hat Ihnen Freude gemacht, mein Erstlingswerk zu lesen, das Erste meiner Bücher, das ich zu veröffentlichen gewagt habe.

Ursprünglich habe ich mit dem „kleinen Kometen" angefangen, einem (Vorlese-)Buch für die Jüngsten ab Kindergartenalter. Doch nach und nach wurden die Themen schwerer und wollten nicht mehr zu einem Kinderbuch passen. So habe ich mich entschieden, meine Ideen in zwei unterschiedliche Projekte fließen zu lassen: in die „Weltenkinder", erschienen Dezember 2024, und in „Der kleine Komet", der im nächsten Jahr (2025) erscheinen wird.

Dieser erzählt unseren Jüngsten auf liebevolle, flapsige und heitere Weise von märchenhaften Reichen und findet kindgerechte Allegorien für Themen, die für unsere Kleinen wichtig sind. Und da es die Kernkompetenz eines kleinen Kometen ist abzu**schweif**en, gibt es hier und da liebevoll eingestreute Erklärungen, die unsere Kleinen weiser machen, ohne dass der Spaß dabei zu kurz kommt. Und wie immer gilt: was den Kleinen Spaß macht, daran haben auch die Junggebliebenen unter uns Freude 😊

Wenn Sie jetzt schon Lust auf den kleinen Kometen bekommen haben, dann schreiben Sie mir doch eine E-Mail unter banse@feuerundflamme.net und ich informiere Sie gerne, sobald der kleine Komet am Horizont zu sehen ist.

Außerdem erhalten Sie ihn im Buchhandel oder auf meiner Webseite, auf der ich auch zu weiteren Buch- und Kursprojekten informiere: www.feuerundflamme.net

Und worüber ich mich als natürlich wahnsinnig freuen würde, wäre eine Rezension in einem Onlinebuchhandel Ihrer Wahl, wie zum Beispiel Amazon oder Togolino.

Sollten Sie das Buch (nach-)bestellen wollen, freue ich mich über eine direkte Anfrage über meine Emailadresse.
(Anm. Eine Autorin im Selbstverlag erhält ungefähr 2 Euro bei Bestellung über Amazon & Co, bei Direktbestellung sind es immerhin knapp 4 Euro 😊)

Weder die Weltenkinder noch der kleine Komet werden mich reich machen, aber beide sind beziehungsweise werden mit Herzblut geschrieben und es ist wunderschön, wenn es ein paar Leser*innen gibt, die meine Geschichten mit Freude und dem dazugehörigen Quäntchen Nachdenklichkeit lesen.

Herzlichen Dank und schöne Lesestunden

Ihre Dea Banse

■■ ׀